社會學概論

（第二版）

Introduction to
Sociology

葉至誠 / 著

序

　　黑格爾（G. W. F. Hegel）的名言「理性就是根據現實來思考」，闡明理想並非空洞冥思，也不是全然遙不可及的桃花源。隨著人類生產和科學技術的不斷發展，各門社會科學之間以及社會科學與自然科學之間都有相互滲透、相互影響和相互合作的趨勢。社會學是以社會現象為研究對象的科學，社會現象被認為是一種動態形式。凡社會生活的形式、內容、組織、作用以及過去和現在的種種事實和人類策劃改進社會生活的種種理想、計劃和方法都屬於社會學研究的範圍。

　　社會學一直到十九世紀三〇年代才正式成為一門學科，促成社會學發展的關鍵是「啟蒙運動」的出現。啟蒙運動認為，人類的進步不僅是可能的，同時也是不可避免的。由於社會生活範圍極廣，所以社會學知識浩繁。社會學的知識不是哲學的思辨，它具有相當程度的可驗證性。社會學所要解釋的對象也不是包羅萬象的。有的理論是解釋社會結構的，有的理論是解釋人際關係的，有的理論是解釋社會變遷的。

　　社會科學所研究的對象，無論是政治、經濟、法律等，其最底層均為社會學；而研究此共同生活的領域，正是社會學的主要內涵。在資訊爆炸的新時代，在知識型社會中，每個人都必須不斷學習，因此終身學習將非常重要，卡爾‧羅杰士（Carl Rogers）即稱：一個受教育的人是一個學到如何去學習、應變，只有不斷追求知識過程的人，才是可靠的人。而學習社會學的知識絕非僅止於熟悉社會運作的法則，而是經由對該知識的理解，為共同建構一個理想的社會而善盡社會成員一己的本分。

　　隨著人類進入二十一世紀，經濟「全球化」的風潮，生活世

界「資訊化」的波濤,開啓了文明無限拓展的新疆域,開啓無限的希望,也預埋了深陷危機的威脅與挑戰。哈佛大學教授梭羅(L. Thurow)強調「在競爭激烈的當今世界,新知識的創造與運用比傳統的因素更加重要」。在面對一個變動不羈的社會生活,導以理性探索,使人們得以解除蒙昧,以知其然並知其所以然的啓迪,為人類指出一條發展門徑,顯然這是社會學努力的目標之一。

　　社會學之父孔德(A. Comte)於建構社會學時,即強調該學問是一種科學。其後的社會學家無不企圖運用科學的程序和方式用以建構這門知識。經過對社會現象的理性探討,形成了模型理論。所謂「模型」是由於理論的抽象層次較高,為了能具體的說明某些事實,因此運用「模型」,以期概化到實際的社會現象。本書的撰述即是期盼能以清晰簡要的筆調,以概括性、通論性及整體性的方式,說明社會學知識的主要內涵,期望提供閱讀者:能運用社會學的知識,檢視我們生活的周遭世界,達到「學與思」的緊密結合,進而「宏觀思維,微觀作為」,懷抱理想社會,落實身體力行。倘使人人如此,在理性的剖析及積極的參與之下,將能夠改善人類的生活,增進人群的幸福。

　　本書能順利的印行,特別感謝揚智文化公司閻富萍總編輯的玉成。惟知識分子常以「化當世莫若口,傳來世莫若書」,以形容對論著的期許,本書距離該目標不知凡幾。唯因忝列杏壇,雖自忖所學有限,腹笥甚儉,然常以先進師長之著作等身,為效尤的典範,乃不揣謭陋,敝帚呈現,尚祈教育先進及諸讀者不吝賜正。

葉至誠 謹識
一一一年六月一日

目　錄

社會學的意義與性質

Chapter
1

- 第一節 社會學的起源
- 第二節 社會學的性質
- 第三節 社會學的學者
- 第四節 社會學的探究
- 第五節 社會學的應用

　　社會學的建立，並非是社會學家所構築的空中樓閣，而是深植在歷史的脈絡之中。人類為謀求生存，很難獨自地靠一己的力量與大自然搏鬥，而是依賴和社會上其他成員相互合作，以求取生存，因此衍生社會。社會學從社會中產生出來，必然會受到社會環境和文化意識的影響。

 ## 第一節　社會學的起源

　　中古時代的歐洲，因為蠻族的入侵及封建影響，整體社會是靜態的，變遷速度慢，自十五世紀開始的四、五百年間，在歐洲發生了一系列的變動，封建制度的破壞，莊園經濟的解體，皇冑貴族的沒落，科學技術的進步與工業社會的展開，一個新的社會的到來。十五世紀在義大利產生了「文藝復興運動」。它代表著一個人文主義時代的到來。人文主義之風逐漸興起，中產階級成為社會的主體，由原本宗教一統逐漸走向多元化的思想，使其各種學術思潮也漸漸興起。自此以後，西方人逐漸擺脫了神學的全面控制，將「人」的地位日漸提高。

　　這種對「人」的重視對於日後社會科學的建立，有重大的意義。人們更重視人本思想及人本主義，同時人們愈益關心周遭及現世問題，而使得研究關注社會現況的各種學說興起。人的世界觀不再被巫術所左右，基督新教所影響的不僅僅是單純的教義改變，而是一種深入教徒現世生活的倫理觀和生活方式的改變。人們已開始將大自然視為可以被人類利用、控制和開發的客體，而不再是一個神祕不可解的事物。人類社會不斷的發展，逐漸趨向於複雜化，人類試圖對於所處的社會進行瞭解，欲望也就愈形迫切，因此有社會學的出現。

　　社會學一詞出現於學術領域之中，首推社會學的創始者孔德（A. Comte），其於一八三九年創立社會學這一門學問，總計其發展歷程，

至今才百餘年歷史。社會學在二次戰後，由於人類社會對於此知識的需求日漸殷切，加以研究方法的推陳出新，使得這項科學性知識有著明顯的精進。

社會學的發展，由於諸多學者的投入與探討，有著長足的進步，時至今日社會學已發展成為社會科學中最重要的學科。茲就下列三個階段說明社會發展的過程。

一、社會學的開創階段

社會學的創始階段大約是在一八三〇至一八九〇年，法國的孔德和英國的史賓塞（H. Spencer）具有深遠的影響。孔德被認為是社會學的創始人。他對社會進行了考察研究，提出了建立社會學的綱領和理論體系，並主張社會學是運用自然科學方法，即實證、觀察和比較等方法，研究人類社會的科學。同時將社會學視為科學的基本學科。史賓塞是用生物學觀點研究社會，提出「社會有機體論」，認為社會的組織結構有如生物機體，在逐漸的演化下，人類社會將朝向多元化、複雜化、專門化的方向發展。

二、社會學的成長階段

社會學的成長階段為一八九〇至一九三〇年。儘管社會學在創立時期就已表明它是直接探究現實社會的一門學科，但是，早期的研究者卻很少採取實證式的研究方法，甚至連提倡科學研究的孔德本人也未曾在社會研究中採用科學方法，他們往往採用的是哲學思辨的方法。直到法國的涂爾幹（E. Durkheim）和德國的韋伯（M. Weber）才開始致力於確定社會學的具體研究範圍和研究方法。於是，一方面出現了社會學的分支領域，如一般社會學、宗教社會學、法律社會學、

經濟社會學等；另一方面，也開始把自然科學中的一些定量分析方法運用於社會學之中。這些成果與主張便形成了這一時期的主要特點。

三、社會學的發展階段

我們把一九四○年到現在這一段時間稱為社會學發展階段。這一階段的發展重心由歐陸轉向美國。其中，以帕深思（T. Parsons）和墨頓（R. Merton）為代表的結構功能主義理論成為美國社會學的正宗主流；其後，社會衝突理論、社會交換理論、符號互動理論等，許多新興學派相繼出現。此階段強調重視實證經驗、社會調查、社會問題的傳統。隨著第二次世界大戰期間電子計算機技術的應用和推廣，使得社會統計分析方法大為發展。社會學之所以能夠大規模進行各種民意調查，正是這種社會統計分析技術的快速發展所促成。

這個階段另一項重要的發展為「科際整合運動」。由於二次大戰以來各項社會科學研究的突飛猛進，理論的創見迭出，新穎發現的繽紛雜陳，均使社會科學的內涵日新月異。在追求科際的統合（integration）和科學化的運動中，使得社會學知識積極朝向下列四個方向進展：

1.理論的說明必須要靠客觀事實，而不能靠學者一己的經驗。
2.盡可能地用數量化的方式來陳述假設，以達到精密的判定。
3.各種陳述應該精確詳實，並且能運用嚴密的試驗說明事實。
4.引用自然科學家所慣用的數據，以為度量的工具陳述現象。

這些觀點影響著社會學的發展，尤其是面對著繁複多元的社會現象時，為能對該現象的剖析有實質的幫助，社會學已朝向結合相關領域的學問以探究社會現象。

社會學的發展，在不同的時期，有不同的特點。當代社會學發展

表1-1　當代社會學發展的主要趨勢簡表

項目	內涵
科學性探討	越來越重視應用社會學的研究成果，以期對社會現象進行科學的描述、解釋、預測與控制。
理論性建構	受到社會學研究人員面對社會發展所產生的疑義，越來越迫切地感受到需要重建社會學理論知識的重要性，因而導致深切探討理論的思維。
廣泛性應用	隨著社會學研究範圍的不斷擴大，加上社會學本身所具有研究社會現象的獨特功能，使得社會學在人們生活的許多領域中，皆能得到廣泛的應用和深切的發展。

資料來源：作者整理。

的主要趨勢彙整如**表1-1**。

　　這些發展的方向將使得社會學的知識不斷推陳出新，並且足以對人類社會提供更為具體的貢獻。

 第二節　社會學的性質

　　「社會」一詞已成為人們廣泛使用的一個用語，社會學家戴維斯（K. Davis）的說法，「社會是指社會關係的體系」。現今對「社會」的定義，可分為廣義與狹義兩種。廣義的社會是指人類關係的體系，包括人類所有直接的和間接的關係而言。它的範圍可大可小，大至包括全人類，小至幾十人所組成的鄉村。狹義的社會是指一種特殊的和比較具體的人類結合而言。凡是一群人有某些共同的觀念、態度和行為習慣，或是在一起共同生活的，都稱為社會。

　　究竟社會學是什麼？根據社會學家的定義：

1.德國的齊美爾（G. Simmel）認為：社會學是研究社會形式的科學。

2.美國的梅約（Mayo）和湯馬斯（W. Thomas）認為：社會學是研究社會組織的科學。

3.美國的卡維爾（Karvor）認為：社會學是研究社會導進的科學。

4.美國的賴特（Wright）和哈特（Hart）認為：社會學是研究社會關係的科學。

5.美國的斯莫爾（A. W. Small）認為：社會學是研究社會互動過程的科學。

6.俄國的索羅金（P. A. Sorokin）認為：社會學是研究社會現象的科學。

7.美國的帕克（R. E. Park）認為：社會學是研究社會行為的科學。

綜合上述歸納起來，我們可以說：「社會學是把社會當作一個整體來研究的綜合性科學，是運用科學的方法來認識人類社會組織形態、社會結構方式和群體活動規律，並且探討社會現象、社會關係、社會生活、社會問題、社會變遷等的一門科學。」

社會學既是科學方法、客觀態度來研究人類社會的科學。就其性質概可分為下列數端：

一、強調實證經驗的科學

社會學的理論建構，係經由研究者對社會現象加以探討，然後抽離出其中的原理原則。在探討社會現象時，採取實證性及尊重事實的態度，擺脫哲學思辯與特定的思想邏輯的束縛，得以採客觀的科學方法進行探討。

二、著重科學方法的科學

社會學對於它所研究的對象，除了採取嚴密客觀的觀察之外，對所設定的命題，必須透過驗證的手續，才能確立其法則。如果脫離了科學驗證的程序，則社會學的知識，恐將無法建立原則性，而且無法併入科學的行列。

三、運用量化處理的科學

近年來社會學隨著研究工具的逐步發展，更趨向於量化研究，對於社會現象用數字加以表示，朝統計、計量、數理的方向發展，成為重要的趨勢。

四、注重科際整合的科學

社會現象的研究，同時參酌相關學科的實證知識，以科際整合的方式，提高研究水準。

五、強調理論建構的科學

社會學對於社會現象所做的說明，並非僅對現象進行敘述而已，而是更進一步闡明形塑社會事實的各因素間的因果關係，並經由理論命題的假設與概念的設定，以嘗試建立社會學理論。社會學既為一門科學，其基本目標與科學的一般目標是相同的。這個目標包括「描述」、「解釋」、「預測」社會現象。社會學在現代學術領域中扮演著重要的角色。經過社會學有系統的檢證，人們得以明白社會現象的

真實面貌，並且經由知識以提供解決社會問題的有效方案；另外，社會學亦協助人們建立周全的政策以為社會發展的基礎。這些目標彼此交織不僅有助於社會的建構，也同時是社會學進步的動力。

 第三節　社會學的學者

社會學的開創與發展固然有其歷史背景及因素，但亦與社會學家的思維與理論建構息息相關。一八三九年法國社會學家孔德創立社會學以來，社會學的知識不斷隨著社會變遷而成長，其中社會學家的悉心投入，匠心獨運，功不可沒。當代社會學的發展更是日新月異，其中對此學問建構貢獻良多的社會學家繁多，這些重要且深具代表性的學者包括：

一、聖西門（Saint-Simon, 1760-1825）

聖西門的成長正逢法國大革命之後，因傳統的社會秩序遭受破壞而解體，社會極端混亂，經濟受到英國工業革命的衝擊，社會面臨著必須重建的階段。為了使法國社會恢復秩序，他引用了物理學的概念，以進行對社會現象的研究。強調使用客觀、經驗科學的方法，由此研究所得的知識，稱之為「政治物理學」，同時他提出工業主義以及社會生理學等概念，對社會學的創建有很大的貢獻，他也是孔德的啟蒙老師。

二、孔德（Auguste Comte, 1798-1857）

孔德為社會學之父，是因為他於十九世紀初首先提出社會學一

詞，並於《實證哲學講義》一書，運用實證主義的方法，對於社會的重整進行研究，將社會學的內涵加以體系化。實證的內涵具有現實性、有用性、確實性、正確性、建設性、相對性等六種意義。他認為人類的精神，經由神學、哲學、科學的三個階段向前邁進，而對應此三種階段的是軍事型、法律型、工業型的社會型態。

社會學的主要內容，由社會靜學與社會動學等兩種部門所組成，社會靜學的內容，主要在於闡明社會秩序的原理，使用社會有機體理論，分析社會的結構；社會動學則著重於說明社會進步的法則，運用知識進步的三階段以說明社會變遷。

三、馬克思（Karl Marx, 1818-1883）

馬克思認為整個社會組織係由經濟狀況所決定，一切人類意識與制度只是經濟狀況的反映，再產生法律、政治、文化等上層結構。換言之，不是人們的意識決定它們的生存，相反的，是它們的社會生存決定其意識。而整個社會結構，隨著經濟基礎的變遷而改變。人類的觀念、信仰、價值與制度等，大體上都是經濟狀況的反映。愛爾華（C. A. Ellwood）稱此為「經濟決定論」。

馬克思認為，階級鬥爭是人類歷史上一普遍現象，任何一個時代皆有存在，歷史的演化即鬥爭的結果。當勞動者自己取得並管理一切生產工具之後，社會上將無剝削之事，人類社會將變成無階級的社會；這是其理想社會的遠景。

四、史賓塞（Herbert Spencer, 1820-1903）

史賓塞認為社會為一個生物有機體，個人和社會的關係，有如細胞之於生物體。經由與生物有機體的類比，而提倡「社會有機體說」

（social organism）。在社會演化論說中，史賓塞認為社會係經由軍事型社會（原始社會）往產業型社會（近代的商業社會）改變，以達成社會的進化。

五、塔爾德（Jean Gabriel Tarde, 1843-1904）

塔爾德認為社會生活的變化、習慣、制度等的改變，乃是個人透過努力，從事改進、創造所獲得的結果。他一八九〇年所著《模仿法則》一書，認為「模仿才是社會現象本質的特徵」。而「模仿」有兩種型態，其一，超越時代的模仿為「傳承」；其二，同時代的為「流行」與「習慣」。

個人在日常生活當中，依據模仿原理所得的成果，如果不能達到滿意時，就會採取另一種懷疑態度，此種態度一旦出現，則足以促使人類從事創造發明。

六、涂爾幹（Émile Durkheim, 1858-1917）

涂爾幹認為「社會事實」是由集體意識所產生，外在於個人，對個人產生拘束。社會現象不能還原到個人。當個人在團體所出現的行為，與個人在獨處時的狀態迥然不同，此時是以集體為參考架構而採取行為。涂爾幹認為社會的發展是源自於社會的分工所造成。

至於社會發展的類型，是以社會連帶（social solidarity）為區分，包括：機械連帶社會（machancial solidarity society）朝向有機連帶社會（organic solidarity society）的方向發展。涂爾幹著作《自殺論》（*Suicide*）強調：個體的行為深受到社會的影響，由此以印證社會集體意識的影響。

七、齊美爾（Georg Simmel, 1858-1918）

齊美爾認為社會學要研究的重點是各種相互作用，正是這些相互作用構成了政治的、經濟的、宗教的、社會性的種種行為。他認為，只有把大量性質不同的人類現象，以同一形式概念聯繫起來，才能獲得正確的認識。社會化便是將此種形式加諸於人的行為當中，使得人與人之間可以和諧的互動。所以齊美爾的社會學概論被稱之為「形式社會學」，個人行動永遠受到這些制度形式的束縛。

齊美爾認為衝突不但能夠加強已有關係，還有助於建立新的關係，因此把它看作是一個建設性的力量，而不是破壞性的力量。齊美爾認為，雖然人類創造的文化加強了人本身的控制，但是個人從契約的依附中得到逐步解放，是現代歷史的潮流。在一個關係複雜的社會裡，人與人之間進行多方面的接觸、聯繫，對於提高人的自我意識是很有幫助的。

八、米德（George Herbert Mead, 1863-1931）

一八六三年出生於美國，一九三一年辭世。米德的學生根據他的原創思想整理的《心靈、自我與社會》一書，涵蓋了行動與心靈、語言與意義、自我與社會等重要主題。米德秉持實用主義及社會行為主義的觀點，強調心靈、自我等個體行動的社會形塑背景，另方面著重組織、控制等社會結構的行動溝通基礎。藉此，他主張一個融合自主行動與開放社會的民主時代的來臨。

九、韋伯（Max Weber, 1864-1920）

韋伯認為社會學即為對於行為者所表現的社會行為，追根究柢其隱藏在背後的原因、動機，理解當中原因與結果的關係。依據此種概念，可將社會行為分為四種類型：(1)目的理性；(2)價值理性；(3)情緒性；(4)傳統性。從事分析時，強調研究者應該嚴守「價值中立」的原則，以探究社會現象而不宜注入濃厚的個人意念，以診斷社會現象。

十、杜尼斯（Ferdinand Tonnies, 1885-1936）

杜尼斯由意志論的立場，將人群的意志，分為「本質意志」（wesenwill）與「選擇意志」，前者為「固有的思維左右個人的意志」。後者為「在自由的意志下從事思維」。依據本質意志所形成的社會，稱為「社區」，而基於選擇意志所形成的社會稱為「利益社會」。他主張將社區與利益社會加以統合，而提出的「協同組織」（genossenschaft）以克服社會的危機。

十一、索羅金（Pitirim A. Sorokin, 1889-1968）

索羅金認為，人的交往過程涉及三個基本方面：(1)作為主體的這個人；(2)指導人的行為價值和規範；(3)外在的物質現象。

十二、葛蘭西（Antonio Gramsci, 1891-1937）

一八九一年生於義大利。《獄中札記》成為其於政治、社會理論中重要的論著，而其一以貫之的概念就是文化霸權的探索，他本人是

個馬克思主義的實踐者，也是義大利工人運動的領導者，義大利共產黨創始人之一，葛蘭西打破傳統馬克思主義者對上層建築的機械對應關係，而賦予歷史實踐的能動性。

十三、舒茲（Alfred Schutz, 1899-1959）

一八九九年生於維也納。一九三二年《社會世界的有意義建構》一書出版，奠定了他一生學術的基礎。舒茲的貢獻在於借取胡塞爾的思想以陳述社會現象，並發展韋伯的社會學方法論，使社會學建立在一互為主體性的基礎。

十四、帕深思（Talcott Parsons, 1902-1979）

一九〇二年出生於美國。被譽為「結構功能學派」的創始人，該思潮影響美國社會學界多年，其中運用四功能典範和系統的觀念以說明社會的體系為主要的內涵。

十五、阿多諾（Theodor Wiesengrund Adorno, 1903-1969）

出生於一九〇三年德國。代表作如《啓蒙的辯證》、《最低限的道德》、《否定辯證》和《美學理論》等書，對哲學、美學和社會理論產生深遠的影響，並以其艱澀的文風知名學界。其以極為敏感、憂鬱卻又嘲諷的性格，貫穿於對社會和文化的批判。絕不輕易和既存事物妥協，使他對否定、斷裂、毀滅有獨到的認識，並對烏托邦懷有審慎的希望。

十六、阿圖塞（Louis P. Althusser, 1918-1990）

一九一八年生於阿爾及爾，一九九〇年逝世。阿圖塞對於形塑馬克思主義的科學性有重要的貢獻。他以實踐的角度詮釋馬克思主義與社會現實，而非只從單純的認識論上進行假設性的妄想。

十七、高夫曼（Erving Goffman, 1922-1982）

一九二二年在加拿大出生，一九八二年在美國去世。主要的著作爲《自我在日常生活中的演出》。把人際交往當作一個舞台來看待。參與人際交往的人，都是舞台上的演員。他用許多戲劇上的術語，作爲分析人際交往的概念，如表演、腳本、前台／後台等，社會學界稱爲「戲劇論」。高夫曼以人際之間面對面交往的模式，作爲研究的主題，是屬於符號互動理論者，強調個人在社會結構制約下的行爲。

十八、傅柯（Michel Foucault, 1926-1984）

一九二六年生於法國，一九八四年逝世。傅柯研究重心有二：考古學和系譜學。考古學是探討不同客體出現和被轉換的空間；系譜學使我們瞭解吾人眼前狀態非出於歷史的必然，而是歷史的偶然。研究主題有三：知識、權力、主體。傅柯對「性」的考察，揭示西方社會從倫理到道德的轉變，從自律到他律。

十九、魯曼（Niklas Luhmann, 1927-1998）

一九二七年出生於德國。在封閉系統觀的前提下：整體乃大於其

部分的總和。在開放系統的觀點下：整體乃小於其部分的總和。魯曼的社會系統自我指涉理論則認為，這兩個正反命題均可能同時集於社會系統之一身。

二十、布希亞（Jean Baudrillard, 1929-2007）

一九二九年生於法國。重要著作有《符號的政治經濟學批判》、《邪惡的透明性：關於極端的現象》等。其思考影響較大的部分大多在社會學的場域之外，特別是在藝術創作及媒體分析的環節裡。面對日益昌盛的網路社會，布希亞指出：「真實」與「再現」已被「虛擬」超越，在「虛擬」階段，符號與真實已沒有任何關聯，「虛擬」預先布置及製造了即將發生的事件，「一旦由『再現』進入『虛擬』，任何事物都已死亡，或早已事先發生。」

 ## 第四節　社會學的探究

社會學形成一門學科已有一個多個世紀了，社會學是把社會當作一個整體來研究的綜合性科學。它力圖用科學的方法來認識人類社會組織形態、社會結構方式和群體活動規律。社會學的研究內涵就是以社會定義中所包含的各種特性為共同的研究主題，包括：家庭、組織、團體、鄉村、都市、社會階層、公民社會等各種社會形態，以及與此有關的社會與個人、社會與文化等主題。該項領域可表述如圖**1-1**。

社會學概論

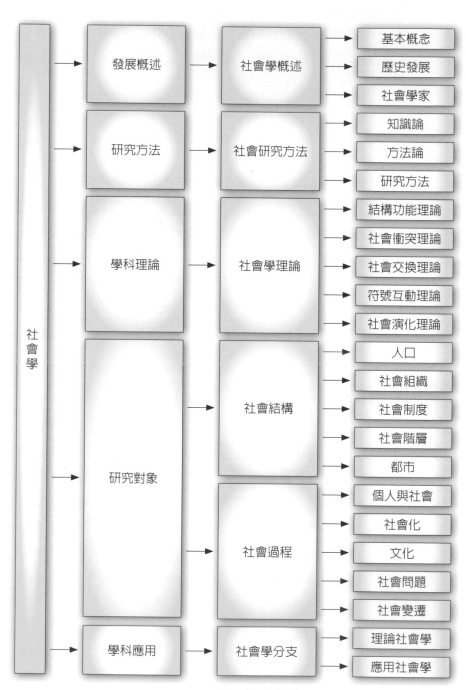

圖1-1　社會學知識系統表

　　黑格爾（Hegel）的名言「理性就是根據現實來思考」，闡明理想並非空洞冥思，也不是全然遙不可及的桃花源。只要運用理性，認清現實背後的客觀發展邏輯，並運用理性洞察自然、社會與個人之間的結構性，掌握環境與個人之間運作的法則，則仍可對人類的未來寄予樂觀的期待。

 # 第五節　社會學的應用

　　社會學家經由社會各種事實的探討，可將此研究所獲得的專業知識、心得，貢獻於人類社會，改善人類的生活，增進人群的幸福。

1. 社會問題的解決：社會學以科學的角度瞭解社會現象發生的原因，採用一定的研究方法，將所獲得的資料，經由分析，進而提出解決的策略。
2. 社會福祉的增進：社會學以客觀與公正的立場，從事社會現象的分析，並將所獲得的心得，提供人類作為營造社會生活最有利的方式。
3. 適應能力的增進：經由瞭解社會的現況和社會關係的網絡，以增進適應社會的能力。
4. 人群行為的理解：人類社會行為，若光從單純的表象觀察，則無法盡窺其所發生的社會意義。由於社會學家深入的探討，使得人類行為的深入理解成為可能。
5. 社會發展的引導：社會學經由對社會現象的瞭解，進而瞭解彼此的關係網絡，將人類行為歸納為各種原理原則，將有助於掌握社會發展的方向。
6. 社會政策的擬定：社會學家所搜集的社會事實資料，對於政府訂定社會政策頗有助益，以提供增進合於人性需求的措施。

結　語

　　社會是由許多要素所構成，而這些要素之間相互關聯相互依存。
社會科學所研究的對象，無論是政治、經濟、法律等，它的最底層均
為社會學；而研究此共同生活的領域，正是社會學的任務。

社會學的形成與發展

- 第一節　社會學的主要理論
- 第二節　社會學的研究方法

一九五九年管理學大師彼得‧杜拉克（Peter F. Drucker）即提出知識社會和知識工作者這種名詞，在他的《管理未來》一書中指出，已開發國家的製造產業，唯有自勞力密集轉移至知識密集，才能夠生存。他強調知識社會的出現，代表人類社會發展上一項史無前例的大變化；知識成為先進國家經濟的核心資本，知識工作者成為社會價值與規範的決定者。知識已經成為支配性資源，澈底改變了社會結構，造成動盪、衝突，也創造了新的社會型態。

 第一節　社會學的主要理論

孔德於建構社會學時，強調該學問是一種科學。經過對社會現象的理性探討，形成了模型或理論。社會學理論是指：一群在邏輯上相互關聯的變項所組成的概念，用以解釋說明社會現象及人類行為。

社會學的理論不是哲學的思辨，它具有相當程度的可驗證性。社會學理論所要解釋的對象也不是包羅萬象的。有的理論是解釋社會結構的，有的理論是解釋人際關係的，有的理論是解釋社會變遷的。

一、社會演化論（Social Evolutionism）

社會演化理論認為，社會經常處於各種社會勢力相互平衡的狀態，每個人都在為自己的生存、幸福而奮鬥。人與人之間的不斷衝突和平衡，是社會演化的主要過程。社會演化理論是英國社會學家史賓塞提出的，其以為社會的變化是由簡單而複雜的分化過程，以單線演化假設的社會會經過一系列的連續階段，最後都會到達同樣的終點。

社會演化的類型彙整如**表2-1**。

表2-1　社會演化的類型簡表

類型	內涵
單線演化論	主張人類歷史文明的發展是沿著一條直線向上進步的。這是最早的演化論，盛行於十八世紀及十九世紀歐洲。
階段演化論	主張人類歷史文明的發展並不一定是沿著一條直線不斷向上進步的，而是經過幾個階段的突破才邁向前的。此理論通常認定工藝技術是階段突破的關鍵。
不等速演化論	認為人類歷史文明之進步並不一定要經過某種重大的突破才能從前一階段躍進至後一階段。進步是緩慢而不規律的不等速演化。
枝節演化論	認為所有的人類社會之變遷發展方向並非是單一方向的，不發展的速度亦非一致。因此，我們必須注意到社會與社會之間的差異。從整個人類歷史文明進化的立場來看，不同社會的不同發展，就如同一棵大樹上的樹枝分散生長一樣。有的長得快些，有的長得慢。
循環的演化論	相信人類歷史文明的進化，雖然是向上的進步，但其進步過程可能遭遇暫時性的停滯，或甚至有倒退的現象，經濟循環現象就是一個最好的證明。

資料來源：作者整理。

　　社會演化論近來有復甦現象，主要的原因為：(1)結構功能學派為了彌補其忽略社會變遷的缺陷，特將此理論融入，以解釋長時期的社會和歷史變遷；(2)社會生物學應用達爾文（Charles R. Darwin）的自然選擇和生存競爭概念來解釋人類行為和社會結構。

二、形式社會學

　　「形式社會學」是齊美爾（G. Simmel）所創建的。該學說的主要內涵為：

1.社會是由相互作用的關係網絡所組合而成，其成員彼此之間的互動有一定的形式，該形式會劃越歷史和文化背景而重複地出現。因此為瞭解社會，只有經過互動形式的探究加以著手。

2.社會學的特質在於對由社會關係所形成的社會現象分析。

3.社會學既為一門獨立的科學,應有特殊領域作為研究對象,即社會化形式或人類關係的形式。

4.社會化形式存在於社會互動的基礎上,大部分的社會行動是社會化的歷程。

5.社會學要能成為科學,必須從社會形式進行科學性的研究,加以系統的分類。

6.人與人的社會關係,其形式不外統治、順從、競爭、模仿、分工、隔離、聯合、接觸、反抗、團結、分化、整合等形式的組合。

三、結構功能理論

該理論主要目的是尋求解釋某一社會行動所造成的效果或所賦予的功能。因此強調研究單位是結構而非個人。其中有四個基本命題:

1.每一個體系內的各部門在功能上是相互關聯的。

2.每一個體系內的組成單位通常是有助於該體系的持續操作運行。

3.既然大多數的體系對其他體系都有影響,則它們應可被視為是整個大體系的附屬體系。

4.體系是穩定和諧的,不易有所變遷。

功能論認為社會是整合的,而且總是朝向均衡的狀態操作運行,強調整合(指各部門之間相互影響的結果促成某種程度的和諧性,用以維持體系之生存)、均衡(社會體系運行的最終目標)。

然而有社會學家提出對此理論的批判,如**表2-2**所示。

表2-2　社會學家對結構功能理論的批判

類型	內涵
具目的論傾向	功能分析具有一種隱含的目的論傾向，功能論在分析社會制度時，往往將目的與原因混為一談。
分析過於簡化	會中不同團體的需求與利益常有衝突，因而一件事可能有利於某團體，但對另一團體卻屬有害。
不利變遷議題	功能分析較適合分析整合的社會規範，不適合分析社會變遷的問題。它是一種靜態的反歷史分析形式，並具有保守的傾向。

資料來源：作者整理。

四、衝突理論

衝突論學者不同意把社會視為一種均衡與整合的體系。只有衝突理論才能真正描述社會結構。該理論的建構以馬克思（K. Marx）的思想為主軸，並由達倫多夫（R. G. Dahrendorf）、考舍（L. A. Coser）加以繼承。主要的觀點為：

1.提出每個社會無時無地都經歷變遷，因此社會變遷是不可避免的。
2.每一個社會裡皆有分歧、衝突因素，因此衝突是無法可避免的。
3.社會裡的每一個單位都直接、間接地促成了社會變遷。
4.強制性的權力關係是社會的基礎。

五、符號互動理論

為了析理社會互動，社會學家托馬斯（W. I. Thomas）、帕克（R. E. Park）與米德（G. H. Mead）等人，建構了「符號互動理論」（Symbolic Interactionism），並由布魯默（H. Blumer）集大成；其中是以三個基本

前提來解釋意義在人類行動中的重要性、意義的來源、意義在互動中所
扮演的角色。分述如下：

1. 人類對事物行動的基礎，建立在事物對他們的意義上之意識，
   是理解意義的重要關鍵，當人們意識到事物對他們的意義是重
   要時，才會採取相當的行動。
2. 事物的意義是在個人與他人的社會互動中浮顯出來。
3. 事物的意義乃經由個人的詮釋過程而確立。

符號互動論的三個關鍵概念（如**表2-3**）：

表2-3　符號互動論的關鍵概念

概念	內涵
情境定義 （definition of the situation）	托馬斯指出，這是一個社會心理的過程，一個人會不斷估量、檢驗眼前情況，從其中發現自己所處的位置，為情境指定意義，再決定什麼樣的態度和行為才是恰當的。
建構現實 （constructed reality）	乃一個人從周圍環境中不斷地取得訊息，透過社會定義以使訊息易於瞭解的過程。即一旦給一個情境定義，則此定義不但決定我們的行為，也會決定行為的結果，或謂之「托馬斯定理」（The Thomas Theorem）。
協商的互動和秩序 （negotiated interaction and order）	人類所面對的世界是一個不可預期和不精確的世界。因此一個人的行動必須隨情境定義的改變而修正，要不斷地試驗行為，並且要根據別人的回饋，修正自己的行為，以便引發別人的行動。

資料來源：作者整理。

六、戲劇理論

建構該理論是高夫曼（E. Goffman），其從戲劇表演的觀點來看
社會互動。把生活視為一個舞台，每一個人與他人在舞台上扮演互動

的角色，而每一個人既是演員又是觀眾；每一個人在演出時，希望得到他人的讚賞和鼓勵；因此，社會生活是由影響他人對於我們的印象所組成的；而影響別人印象的方式，則是讓人知道我們是有所爲與有所不爲。歸結其中的基本觀點爲如**表2-4**。

表2-4　戲劇理論的基本觀點

概念	內涵
印象整飾（impression management）	指在不同情境中，塑造人前自我形象所產生的行為。一個人在別人面前表演時，會受到社會印象的操縱。人們試圖管理和控制他人對自己所形成的印象的過程，試圖使別人積極看待自己的努力。
場地（regions）	印象處理的方式之一是場地的布置，有前台與後台之分，且其表演是相互抵觸的。
表面工夫（face work）	人們採取行動以使別人對自己產生好印象的做法。為自己建立好形象，以建立良好的人際互動。

資料來源：作者整理。

　　高夫曼的這種研究，除了應用社會整體機構外，他又將其理論推至觀察人們在街頭上、公園內、餐廳裡、戲院裡、舞會廳、會議室等公共場所的面對面互動中。總之，高夫曼的戲劇學是一種以戲劇上的概念和詞句來描述人們的日常行爲，他認爲人們的日常行動大部分是裝給別人看，希望別人以個人裝出來的行爲來看人。這種裝給別人看的行爲是受社會的環境影響而產生的。人們一方面遵照社會規範來裝給別人看，另一方面卻又想脫離社會規範所施予的壓抑。人與人之間的互動都是裝出來的自我。

七、社會交換理論（Social Exchange Theory）

　　是由霍曼斯（G. Homans）、布勞（P. Blau）所提出。該理論假定人們是想增加酬賞而減少代價，這個觀點把每天的社會生活視爲一個

市場，那裡是人們交換愛情、權力、安全、利益和其他可獲得滿足的地方。而社會行為的基本原則彙整如**表2-5**。

表2-5　社會行為的基本原則

概念	內涵
成功原則	個人的某種行為若能夠得到相當的報酬，便會鼓勵他繼續做類似的行為。
刺激原則	相同的刺激會引起相同或類似的行為。
價值原則	若一件行為的後果對一個人而言愈有價值，他便愈會繼續這麼做。
缺乏滿足原則	重複獲得同樣的報酬時，其對個人的價值便愈來愈低。
理性命題	當一個人挑選可能的應用途徑時，他會選擇一個能帶來和能獲得較高的價值結果之行動。
攻擊贊同原則	1.當個人未能得到預期的報酬，反而受意外的懲罰時，便會出現攻擊行為，並且對這行為的後果更為重視。 2.當個人的行為得到預期的需要。 3.供應來源是唯一的。 4.無法訴諸任何壓力手段以改變這種狀態。 5.沒有其他的代替品可以代替此供應者所提供的服務。

資料來源：作者整理。

　　針對該理論，學者提出的主要批判為：(1)無法證明人類的行為都是理性的；(2)完全集中於個人與個人之間的交換，忽略結構、制度對交換情境的可能影響。

八、現象學

　　現象是感官所感知的事務，而現象學則是「對於經驗的描述性研究」，該理論是試圖去描述人的意識形成的過程，並探求自然界一切事務的原始本質。主張把一切受文化薰陶下的假面目除掉，以還我本來面具的態度和精神，來處理和瞭解自然界的一切現象。為了達到真正的理解，人們應該具有一種挑戰的精神，拒絕接受擺在我們面前的

事務而不加以詢問。科學的研究就是這種批判和挑戰性的精神表現。因為所謂科學只不過是現階段的真理原則，此真理原則隨時都會因新的發現而修正改變。

　　舒茲（A. Schutz）受哲學家胡塞爾（E. Husserl）的影響，於社會學中建立起「現象學的社會學」（Phenomenological Sociology），並且提出「還我本來面目」（back to the things）的概念，強調一種不受文化影響以瞭解社會現象的原始面目和特質。由於文化是經由社會化過程影響個人，社會化的目的在於培育所屬成員形成發展出一致的看法。例如：我們知道椅子是可以坐的，是在社會化過程裡別人教給我們的。現象論者認為我們對外界事物不應有「想當然耳」或「本來就是這樣」的態度。我們必須深究為什麼會「本來就是這樣」。現象論者認為如果我們把一切受文化薰陶下的假面具除掉，則剩下來的只是人們的知覺意識而已。現象論者試圖說明周圍的一切有關現象的原始面目。

九、俗民方法論

　　由葛芬柯（H. Garfinkel）提出，其認為日常生活中被視為理所當然的例行活動，和人們對這些活動背後的瞭解。其主張：人類生活之所以有秩序，係因具有下列假定：

1. 在每天的生活中，個人的行為都是根據普通常識的想法，亦即認為社會是獨立而客觀存在的。
2. 社會具有規則性，而人們被迫要辨認這些規則，但人們通常只是瞭解這些規則的背景而已。葛芬柯指出「俗民方法論」（Ethnomethodology）的重點並不在於那些互動規則，而是在於規則所籠罩下的人類行為。科學的理性原則和一致性原則只有使人類的行為更難以瞭解，而不會增進瞭解。

　　因此，從現實和實際的立場來看行為，會更切實地描述人類互動的行為過程。

十、批判理論

　　批判理論（Critical Theory）是以馬克思的思想為主軸，而形成一個獨立思潮，於是把它稱為新馬克思主義。哈伯瑪斯（J. Habermas）為代表的法蘭克福學派所建構的「批判理論」，繼承了馬克思主義的思潮。這一思潮一方面承認先進國家的現代化、工業化的結果，思考人類社會所呈現的階級解體，貧困化、階級兩極化、階級鬥爭等情形，另一方面則企圖運用工具理性的哲學批判，以尋求馬克思主義在先進國家中生存下去的道路。批判理論的內涵：

　　1.理論要有前瞻性，需將理論從社會中抽離出來，以超然的態度批評社會事件。
　　2.批判理論並沒有固定的內容並且不重視實用性，其最大的作用是提出社會的不公平和給予關懷。
　　3.批判理論則往往站在和社會對立的位置給予批判。
　　4.傳統理論是支持、解釋世界，批判理論是反抗、改變世界為取向。

　　以上所列舉的各項社會學理論，將有助於讀者對社會學內涵的瞭解，並透過這些理論的說明，更為強化社會學是研究社會的實證科學。儘管如此，沒有哪一種理論具有統領整個社會學領域的能力。不僅如此，在家庭、組織、都市、鄉村、社會階層等許多個別領域中都出現了專業分工。在這種情況下，為對社會學有全面的瞭解，必須使用多元的方法來研究，並依照研究對象進行有機地整合。另外，科學哲學家Lauden（1978）認為「判斷一個理論的合理性與進步性，不在

於其可確認性及可驗證性，而在於它解決問題的效力。對於一項理論的首要檢驗，應視該理論是否對現象提供可接受的答案」（陳衛平，1992），則是我們閱讀這些資料該省思的。

 # 第二節　社會學的研究方法

　　社會學被視為一門科學，並與心理學、人類學同屬於「行為科學」的部分，係因為社會學是以科學的方法探究其所關懷的主題。自從社會學之父——孔德——提出社會學名詞之後，不僅為其研究領域作了界定，同時將社會學定為是以科學的方式探究其內容。

　　研究係指「對一問題作謹慎和有系統的探討或考察，以發現事實或原理」，簡言之，研究就是有計劃和有系統的去蒐集、分析和解釋資料，以達到有效解決問題的過程，其強調三個重點：

1. 對現象因有問題或疑問，引發研究的動機，並經過思考、討論、觀察、探尋，以便釐清或加以確定，找出問題的方法。
2. 是有系統的探索，由嚴格的方法獲得客觀經驗及資料，以解答所提出的問題。
3. 研究強調結果之外也重視其過程，因為任何研究不論採用什麼方法，其基本的邏輯或步驟是相同的。這過程要求：「正確性」、「可驗證性」、「系統性」和「客觀性」。

　　研究的目的，在於能客觀而周延地觀察、描述、解釋、預測與控制宇宙的現象。以達到發現、增強或擴充知識。舉凡從滿足個人的好奇心到謹慎的探討問題，莫不為研究的範疇。歸納言之，研究的目的約有下列三項（如**表2-6**）：

表2-6　研究的目的

概念	內涵
描述事實	研究的第一目的是在於客觀、周延地描述社會現象，以利於其分析和解釋。
建立理論	研究的第二目的是為理論的發展，以期能建立嶄新的思想體系，並作為其後對自然現象或社會現象的預測。
達到實用	研究的第三目的是在於解決實際的問題，以達成社會的導進及人類生活素質的提升。

資料來源：作者整理。

茲將研究步驟以簡單的流程圖加以敘明（如**圖2-1**）：

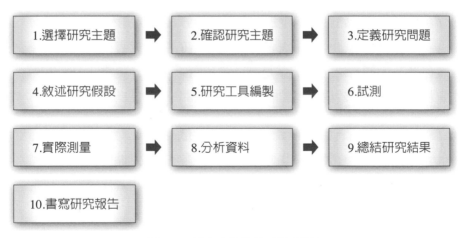

圖2-1　研究步驟的簡單流程圖

社會學是將社會生活的各個層面當作研究對象，常用的方法為：問卷調查法、觀察法、實驗法、歷史文獻法、社會指標法等。這些方法可依研究對象的性質及研究者的立意，單獨使用或合併使用。

一、問卷調查法

　　問卷是一種為了調查之需以方便進行統計的標準化表格，經由資料蒐集方式以獲得對個人情形的瞭解。其內容包括對個人行為乃至態度的量度。當研究者對所欲研究之內容，設計成各種不同之題目供受測者填答時，此係包括開放式問卷與閉鎖式問卷兩種，開放式問卷係由研究者提出相關問題，而不提供答案，由受測者自由填答，其優點是受測者有充分發揮空間，可以得到意想不到之資料，一般用在訪談中或預測時較多。閉鎖式問卷則指問卷中每題均有固定的答案，受測者只能就答案中擇一填答或複選，優點是便於統計，但也可能因問卷設計不當而無法填答。

二、實驗法

　　企圖敘述一個或更多獨立與依賴變項間因果關係存在之一種高度控制方法。在理想的實驗中，實驗者控制著實驗進行的周遭環境，以及能保持一致控制任何環境或外來可能影響實驗的因子，亦即根據特定的研究主題與目的，選擇一組研究對象，控制或改變某些因素，然後再比較及觀察其結果的一種研究方法。

　　實驗的設計上，研究者企圖說明的是：當一變項改變時，另一變項是否也會改變？是否是僅有變項x的改變，才能促進變項y的改變？例如：「教育訓練」（x）的增進，是否會造成「工作效能」（y）的提升？在實驗的設計，首先須從實驗對象中選擇出兩個可供對比的團體，一是實驗團體接受特定刺激的團體；另一是控制團體不接受刺激影響的團體。

三、訪問法

訪問法是一種蒐集一群人或其相關人之訊息或意見，由訪問員以面對面親自詢問受訪者問題的資料蒐集方法，可分為結構式訪問、非結構式訪問及半結構式訪問（如**表2-7**）。

表2-7　訪問法的分類

類別	內涵
結構式訪問	研究者訪問時根據標準化的問卷，限定受訪者根據列出的固定選項作反應，不能也不必作另外的反應。比較適合於研究者有固定研究架構時使用，因為使用標準化問卷，所以其客觀性較高。其缺失在於只能得到普通、表面的資料，難以深入問題核心。
非結構式訪問	研究者心中先有一個主題，與受訪者以語言相互溝通、對話，研究者在互動過程中根據受訪者的反應，再提出進一步的問題，以獲得想要的資料。比較適合於研究者對研究主題知識不足，無法提出標準化選項，及想要瞭解統計數字外的社會意義時使用。所以，其客觀性較結構式訪問低，且過於浪費時間，受訪者間答案的差異性極大，不過較能得到深入性的資料。
半結構式訪問	介於結構式訪問與非結構式訪問之間，研究者能將標準化問題以結構式方式進行訪問，需要深入瞭解部分，則以非結構式訪問進行。

資料來源：作者整理。

四、觀察法

研究者以參與者或觀察員身分，對於所欲研究的社會現象，以肉眼或工具直接從事有計畫或無計畫的觀察描述及記錄的方法。包括參與觀察法、非參與觀察法、非控制觀察法。運用觀察法以進行科學研究的觀察者必須具備敏銳的洞察力，另外，注意重要特徵並為有意的

選擇，以達研究的目的。能注意到他的研究假設所指涉的重要特徵，而從他的視界排除其他的觀察項目；亦即在觀察中要作有意的選擇。

研究者使用直接觀察法於蒐集資料時，首先要做的事就是決定要觀察什麼？究竟應選擇哪一個團體作為觀察的對象，應視其研究問題而定。次一個問題就是要觀察研究對象的哪些事件。除此之外，觀察者也會故意隔開對於其他目的是很重要的許多事件。易言之，觀察法研究步驟上應包括：觀察什麼、觀察對象的確立、觀察哪些事物、對觀察事物的有效篩選。

五、歷史研究法

歷史研究法是探尋歷史的記載資料，檢驗歷史紀錄及遺跡，以追求歷史上的事實真相，以組成一般原理原則的方法。在實際做法上包括：史料的蒐集、檢驗、分析及解釋等步驟。其主要特色為：

1.研究的事件是過去的歷史，而非目前發生的。
2.利用的資料是過去的紀錄與遺跡。
3.它只是一種間接而非直接的觀察法。
4.在某些限度內，有助於我們瞭解過去、重建過去、解釋現在與預測未來。

六、內容分析法

內容分析法是對明顯的傳播內容，進行客觀、系統及量化敘述的一種研究方法。研究者多先計算內容中某項屬性出現的次數，並從統計數據中研究其共通性，最後再將所獲得的結論直接或間接推論到社會及文化層面上。常被運用於文化特質之探索，或是反映團體、機關或社會

之文化型態。因此研究者要有敏銳的觀察力，把握重點分析內涵，才能由解析事物的表向事跡，以獲得其本身的內涵意義和內蘊訊息。

七、社會指標分析

社會指標是以中性的量度來探索社會現象，是一種運用客觀的標準以評量出社會各項事物。社會指標的功能，是能達到：描述社會現象；有助於對社會政策的評估；產生預測功能；並作為各社會相互比較的基礎。例如：運用「出生率」為指標，以說明並比較各地區人口出生的概況。

八、個案研究法

個案研究法是選擇某一個社會現象為研究單位，而從事蒐集一切相關資料，分析並描述其發展過程與內在、外在各種因素間的互相關係。再與其他類似個案作比較，而以此下論斷的方法，其特徵如**表2-8**。

表2-8 個案研究法的特徵

類別	內涵
詳盡的描述	將所選擇的個案作廣泛的和深度的研究，從多方面蒐集與它有關的材料和證據，仔細予以分析和比較。
質性的探究	個案的材料，大半是屬於不易以尺度測量或數字表達的心理現象，如經驗、意見、態度、信仰、社會關係及社會過程等。這類材料的分析特別注重它個別的內涵及意義，然後以此為根據而解釋個案的行為和問題。
非正式程序	即個案研究資料的蒐集，乃是不受形式的限制，不必用表格或問卷，而依照規定時間與地點去把它完成。
正確的描寫	個案的敘述必須完全依據所蒐集的事實，文字力求精確，態度務必客觀。

資料來源：作者整理。

九、社會測量法

經由測量團體中人與人之間的互動關係，以發現、描述、解釋社會地位、團體結構及動態的方法。應用之限度或缺點為：

1.它多半應用於學生或小團體的研究，所蒐集的資料不一定可靠，因為所能問的問題太少，回答的也不一定能作為人際關係的代表。
2.不宜應用於較大的團體，因其組織太複雜，也非簡單的社會圖式所能表示清楚。
3.僅根據分子間彼此的選擇不能作為某個分子的真正價值的判斷標準，因為選擇者可能受偏見的影響。
4.人際關係是易起變化的，僅持一時的測量，不能作為定論。

十、區位學法（ecological method）

運用社會基圖研究人類與其環境關係，及社會問題在空間分布的性質、範圍與其關聯性。社會基圖是指人文區位學家研究社會現象，在空間之分布與動向的基本設計或工具。因此，社會基圖是種社區地圖，標明重要區位如江河、鐵路、學校等，再將社會現象如人口、犯罪、自殺等以符號加諸圖上，便可看出此現象與其他現象間的關係。主要的功用為：

1.表明社會現象的空間分布。
2.發現各社會現象相關狀態。
3.比較各社會現象發展趨勢。

結　語

　　庫恩（Thomas S. Kuhn）在其一九七○年所著《科學革命的結構》一書提及：在一門科學中必要形成一種「範型」。當某個時期，某個階段出現了既有的範型所不能解決的問題，便使得該範型面臨變革，這就是其所稱的「科學革命」。按照庫恩的觀點，將科學的進步看作是一個漸進的過程是錯誤的，只有科學革命才可能帶來科學的進步。庫恩的科學革命論原來是就自然科學而言的，近年來，庫恩的科學革命論也進入了社會科學，當既存學說遭到批判，新的學說繼之提出時，人們便將這種情況稱為「範型變革」。科學研究有助於對既有「範型」的檢討與批判，並協助新「範型」的建構，此種過程將促使社會學的推陳出新和進步，足見研究工作對科學知識及領域的重要性。

社會互動與集體行為

「個人」是組成社會的基本單元，「個人」也是社會關係的一個根本單位，沒有個人，社會也就無法存在，同樣的，個人也依存於社會，靠社會滿足人類的各種需慾，個人與社會兩者是互相依賴和互相影響的。社會是由個人的聚集所構成的。

 第一節　社會機制

在「社會與個人」關係中，不論是主張「社會唯名論」或是「社會唯實論」，大概都能以下述兩個事實為前提來進行思考。

1.個人是客觀存在，個人是行動的主體。
2.我們所說的社會是客觀存在，它是由多數個人的相互行動而產生的。簡言之，個人參與社會是為了能滿足**表3-1**所述之需求。

表3-1　個人參與社會的需求

類別	內涵
維持個體的需求	與攝取食物及消除疲勞有關的生物層次的需求。
維持種族的需求	性需求、與育兒有關的母性需求。
與他人關係需求	依賴他人、與他人產生共鳴、希望得到他人的承認及尊重等與他人交往的需求。
文化價值的需求	想掌握學問、學習技術和技能、在事業上取得成功等，源自文化價值的目的而產生的各種需求。

資料來源：作者整理。

對個人而言，社會誠屬不可或缺，因而有社會的構成因素以為因應，用以維持社會的運作，這些因素包括：

一、風俗

　　風俗是世代相傳做事或行動的社會習慣。風俗既是一種社會的力量，對於個人行為自然發生影響（如**表3-2**）。

表3-2　風俗對個人行為的影響簡表

類別	內涵
社會標準	風俗所規定的為一種社會標準，對於個人具有約束的力量，即所謂風俗的強制力，個人對風俗有順從的趨向，所謂順從多數的人的心理。風俗之所以發生影響，即因這兩方面的關係。
社會價值	當個人違背風俗時，即表示社會不贊成的態度；這種不贊成的態度，稱為社會的制裁，對於違背風俗的個人，發生很大的影響。
行為影響	風俗在鄉村中的力量，比都市為大。鄉村中風俗單純而少變化，人口既少，一致奉行。苟有違背，眾人共見，故其力量自大。都市社會則多元雜處，人各有其原本遵守的風俗，故風俗複雜而變化多，誰都不能強制誰奉行單一的風俗，於是力量弱而影響小。

資料來源：作者整理。

二、時尚

　　時尚是一時流行的樣式。什麼叫做樣式（style），樣式就是任何事物所表現的格式。凡屬樣式總可時常變遷，只要社會上一時崇尚，任何樣式無論是有形具體的，或無形抽象的，都可稱為時尚。時尚的特點如**表3-3**所示：

表3-3　時尚的特點簡表

類別	內涵
標新	無論是服裝用具等都有一種趨向要表示與以往不同。韋伯倫（T. Veblen）稱之為「新奇原則」（The Principle of Novelty）。
入時	凡「入時」（up to date）的，遂覺得優美，覺得好看，覺得為人所看重。
從眾	時尚純粹是一種模仿。時尚是仿效團體中他人的行為，不是為「實用」（utility），而是為「從眾」（conformity）。
奢侈	表示其力能「多費」入時，而可以不事勞作。
立異	人有一種願望要表示與他人不同，亦即為「自我個別化」（self-individualization）。

資料來源：作者整理。

三、道德

　　道德就是人類社會認為正當的人應該遵從的行為標準。其次，道德既然是正當的行為標準，凡合乎這種標準的就是「是」的、「善」的，不合乎這種標準的就是「非」的、「惡」的。

1. 道德的行為含有一種義務觀念。道德與風俗是大不相同。風俗的流行，大致由於順從多數的心理；人之依照風俗，只是順從社會習慣，大家如此做，我亦如此做。
2. 道德的行為含有善的行為的意義。
3. 道德的行為標準是由社會所決定。

　　一個社會常在過去訂定了許多行為的標準。凡可以激發人的義務心與可愛性的行為標準，就是所謂道德。所以道德是社會所決定的。在清朝末年就有學者發覺我國傳統文化十分缺乏「公共面」。「公共面」闕如的結果，自然導致國人成為一盤散沙，維新變法主要人物的梁啓超，也坦白指明中國所有的事物「一涉公字，其事立敗」。足見

在建構公民社會的道德素養我們仍有漫長之路待勉勵而為。涂爾幹（E. Durkheim）說：「道德命令我們，就是社會命令我們，我們服務道德，就是服從社會。」因此，可知道德的根底全在社會。

四、法律

法律對於個人行為的影響，可從消極與積極兩方面分別言之（如**表3-4**）：

表3-4　法律對於個人行為的影響簡表

類別	內涵
消極方面	在限制個人行為，不能有法律所不許的行動，以適合國家社會的需要。凡國家社會認為需要的行為，由法律規定。
積極方面	在使個人在法律所容許的範圍以內活動，以保障社會利益，增進社會幸福。法律之於社會，一方面是一種制裁，一方面是一種保障。制裁在限制違反法律及不利於社會的行為，保障在保護社會合法的行動與利益。

資料來源：作者整理。

五、教育

涂爾幹說：「教育是一代成人對於社會生活尚未成熟的一代所發生的影響，教育是一代年輕人的社會化。」其次，教育是以社會的標準去規範年輕人的一種作用，教育是社會約制個人行為的根本法則。其提供下列的功能：

　　1.扶植個人自立。
　　2.傳遞思想文化。
　　3.造就社會成員。

4.敦促社會進步。

總之,個人的行為——無論是單獨的或與他人聯合的行為——都無非為維持人格的完整,滿足人生的需要,或平衡人我的關係。人為達到這種目的,乃表現各種的活動,以求與社會環境取得相當的調適。

 第二節　社會互動

「互動」(interaction),根據社會學家孫本文的說法是指:「分子間互相交感的行為過程。」在社會生活中,個人與他人之間能夠產生關係,主要是因為互動所造成的。所以互動是個人與他人或團體發生關係的一種過程。至於「社會互動」(social interaction),是指「人與人或團體與團體在行動間的交互影響」。齊美爾(G. Simmel)更強調「社會互動為人類社會生活的基本要素,一切社會現象皆基於互動而產生」。由是可知,古往今來,人類社會現象的內容雖然千變萬化,但是社會現象的形式,則僅僅是來自人與人之間的互動而已。

史丹佛大學在一項有關網際網路之社會衝擊的研究報告指出:「網路已產生一種替代性的電子交往關係,可能取代或甚至減少面對面接觸的家庭與社會關係。全美國對網際網路著迷後,已造成許多美國人與朋友及家人相處的時間減少,到商店購物的時間減少,而下班後在家工作的時間則增加。人們若花更多時間上網,他們與真人相處的時間即減少。因此,網際網路已在現代社會引發新一波廣泛的社會疏離現象,可能使未來成為一個缺乏人際接觸與人情的世界。同時,這種現象將導致以家庭與社群為中心的生活之式微,以及大眾媒體的興起,形成孤寂的社會。」是以,耽溺網際網路所引發的社會疏離現象,的確值得重視。

　　社會互動的方式，帕克（R. E. Park）與卜濟世（E. W. Burgess）認為可區分為下列數種：

一、暗示

　　暗示是社會互動的一種形式，其涵義就是指：一個人有意識地向他人發出一種刺激以控制其反應的社會行為。如「望梅止渴」就是運用暗示的作用來振作人的精神；學生接受教師的教導，孩子接受父母的教養，教徒接受教主的訓導等，都是一種受暗示的過程。日常生活中，人們看到廣告或是聽他人介紹某一產品而去購買等，也都是受暗示的表現。暗示可以由人施授，也可以由情境施授；暗示可以採用言語的形式，也可以用手勢、表情或其他暗號。

　　暗示的發生是有一定條件的：

1. 暗示者的權威是一個重要條件。權威越高，發出的刺激越能引起別人的反應。
2. 刺激的持久和反複也是暗示的重要條件。偶然發出一種刺激，就可能引起人們的注意。
3. 人們對於多數人的行為也會受暗示的作用。例如，在會場裡只要有一兩個人站起來回頭看，很快就會引起許多人也都起來回頭觀望，以為發生了什麼事情，有時甚至也會使會場的秩序大亂。又如，會場裡多數人鼓掌時，自己也會情不自禁地鼓起掌來。

　　人們跟隨多數人的行為，接受多數人的影響，這不同於從眾，從眾行為雖然也隨多數人的行為而變化，但是那是由於團體壓力所引起的，暗示在此處並未感到有壓力，有時是個人基於好奇所產生的行為。

二、模仿

模仿也是社會互動的一種形式。所謂模仿，就是自覺或不自覺地摹擬一個榜樣的社會行為。模仿的對象可以是衣著、家具、髮型、交往行為等，也可以是各種人物和集體。模仿是一種群眾性的社會行為。模仿與個人及社會生活關係密切。人類開始學會生活，學習語言、技能、技巧等，都借助於模仿。模仿的發展基本趨勢是：從無意識的、不自覺的模仿，到有意識的、自覺的模仿；從模仿榜樣的外部特徵，而產生類似的舉動，到模仿榜樣的內心特徵和行為方式，在榜樣的影響下，人們不僅形成活動的最簡單的技能，而且會形成精神價值——思想、興趣、傾向等各行為的風格。

傳統行為能夠流傳至今，是因為有模仿；從長袍馬褂到西裝革履，是因為模仿。社會生活離不開模仿，社會變遷離不開模仿。因為在吸取別人經驗的基礎上擴大自己的經驗，將能進一步發揮創造性的效果。

三、合作

合作也是一種重要的社會互動方式。它是指兩人或兩個以上的人，為了達到一個共同目的，自覺或不自覺地將其行為互相配合的一種方式。要合作，首先必須有一定的意念。要一致觀念，就要有同情心，有共同的志趣，有信任感，有共同的認識。其次，合作要有一定的條件，即人力、物力、財力。第三，要有一定的知識與技能，有能力參與其事，才能與人合作。第四，要考慮時空條件，對於合作不可忽視時空條件，否則就難以合作。

四、順應

順應社會是維持社會正常秩序的一種社會互動方式，是指人與人、人與群體、群體與群體、文化與文化之間，相互配合、相互適應的過程。人們為了適應某種環境，避免、減少或消除對立衝突，以達到共同生活的目的，便改變自己的行為模式和生活方式，以適應這種環境的條件，這便是社會順應過程。

五、和解

所謂和解，就是衝突雙方勢均力敵，不分勝負，但由於有了新的認識，或經由第三者的調解，雙方改變了原來的敵對態度（如果是妥協，則不改變原來的態度），建立起友好關係，這就叫做和解。和解是解決非對抗性衝突的主要方式。個人衝突也常常以和解來結束。

六、服從

調適人際關係的另一種方式就是服從。在社會生活中，人的一生是離不開服從的。因為人們在社會生活中總是屬於某個社會團體，而任何一個社會團體都有一定的規範與紀律，要求大家共同遵守。如果團體成員能遵守其規範與紀律，團體社會就加以肯定；違反規範，就會受到團體的批評。我們可以根據不同的服從人格把服從分為四種類型（如**表3-5**）：

表3-5　根據不同的服從人格把服從分為四種類型簡表

類別	內涵
盲目型	如小孩對待父母，一般來說，在幼時總是服從的，並不考慮父母的要求對或不對。
自私型	是指有的被領導者從利己的心理出發，不分是非，唯唯諾諾，企圖以「聽話」來取得對方對自己的好感。這種服從和盲目型不同，盲目型服從是分辨不出是非，自私型服從是能分辨是非，只是為了投其所好。
屈服型	對權威的服從，不是因為欽佩，而是因為害怕而服從。一般來說，這種服從行為與其本人的內心有一定的距離。
自覺型	行為動機不是盲目利己或不得已而為之，而是發自內心真誠地服從。

資料來源：作者整理。

七、容忍

所謂容忍，就是經由調整自己的行為以適應環境變化的一種行為方式。凡遇到特殊的情況或環境中發生了某些非常情況，這種情況與傳統規範互相矛盾，而人們無力或沒有合理的根據去改變這種情況時，往往採用容忍的態度。其具體方式常表現為自我克制，寬恕別人，使分歧不經由外部衝突的形式表現出來。所謂權變，就是超出正常規範的隨機應變。如果說容忍是消極順應環境的一種行為方式，那麼權變就是突然轉變其態度、信仰、習慣，以適應環境的行為方式。

八、同化

同化是社會調適的進一步發展。社會學的同化概念是指不同文化的民族、團體或個人融合成一個文化單位的過程。也就是說全部改變其原來的思想方法和行為習慣，完全變成另外一個文化單位或其中的

一員。同化和調適的區別在於：同化的行為模式全部改變了，其改變過程也是長期緩慢的，並且是在不知不覺中進行的。而調適的行為模式的改變是部分的，並且是有意識的、自覺的。

引起同化的社會原因有四個方面（如**表3-6**）：

表3-6　引起同化的社會原因簡表

類別	內涵
通婚	不同民族、種族的人通婚組成家庭，這個家庭處在本地民族文化的包圍之中，新進入這個家庭的外族成員就必須順從當地的生活習慣，開始也許是有意識的、勉強的，久而久之則習以為常了。
移居	一家人或一批人移居到一個新的地方，在那裡定居，年深日久也會被當地民族的文化所同化。
入侵	外族入侵帶來異族文化，異族文化與當地文化發生矛盾和衝突，在衝突過程中淘汰劣等文化因素，保持優良文化傳統，融合成一種嶄新民族文化。
傳播	現代社會國際交流頻繁，大眾傳播媒體先進，世界各國各民族間互相溝通的範圍不斷擴大，每個國家、地區、民族的人都不斷地接觸到外來文化，長期的接觸，必然會和本民族的文化相互融合。

資料來源：作者整理。

九、強制

強制是一個人或一個團體將其願望強加於另一個人或另一個團體，受強制者的角色只是順從或至少可說是被動的。強制常被視為是一種負面性的社會互動，因為對付拒絕的行為常需強制的手段。強制會使受害者產生挫折與緊張，因而可能導致他們的敵對與侵略行為，也就是引起人際間的衝突。社會關係如果是建立在強制的基礎上，是不會穩定的，因為它所帶來的緊張會導致衝突，且產生社會變遷。然而，強制也有它的積極功能，例如：父母在教養兒童上的強制要求常

是社會規則的教導基礎。譬如無禮貌的兒童被禁止外出、不聽話的兒童被體罰等。

十、交換

交換是指一個人與另一個人的互動是以獲取報酬爲目的。例如：職員按照老闆的指示行事，而從老闆取得報酬。報酬非盡屬於金錢或物質方面的，主觀的情感報酬也會成爲許多社會交換關係的基礎。一個人付出愛心，雖不在乎回報，但取得報酬的期望仍然是互動關係的一部分。如果施予者從未接到任何情感上的回報或感謝的表示，他基於愛心所付出的情感或許會在這種不公平交換方式中逐漸消失。

十一、競爭

社會競爭也是一種互動的方式。在人類社會生活中，人們爲了獲取某些資源或取得某種有利地位而進行的爭取，這是社會競爭。人不僅有滿足自己物質需要的願望，而且有滿足自己精神需要的願望。這是產生競爭的主觀原因。產生競爭的客觀原因是因爲人類社會生活的物質資源和精神資源的差異性是絕對的，這種差異性就會導致人們去努力爭取，如果沒有任何競爭，社會生活就不能延續下去。

競爭具有以下特點（如**表3-7**）：

表3-7　競爭具有的特點簡表

類別	內涵
目標明確	沒有共同爭奪的目標，是談不上競爭的。競爭往往有某種物質或精神的東西作為爭取的對象，比如學生要爭取考第一名，運動員要奪取冠軍等。
強烈動機	在競爭條件下，人們的自我意識和自我實現的需要更為強烈，對於活動將會發生更加濃厚的興趣，克服困難的意志更加堅定，爭取優勝的信念也更加堅強。
變化較大	競爭者可能消極悲觀，一蹶不振，也可能發憤圖強，急起直追。競爭中的對手可能因為互相切磋勉勵而成為好友，也可能把對方看成不共戴天的仇敵。

資料來源：作者整理。

十二、衝突

　　衝突是個人間或群體間產生以壓倒對方為終極目的一種互相對抗的行為方式。社會學者把衝突的方式分為六種（如**表3-8**）：

表3-8　衝突的方式簡表

類別	內涵
口角	即雙方爭吵對罵，這是最輕微的一種衝突方式，通常只發生在兩人之間。
拳鬥	即不用器械，徒手搏鬥，在肉體上傷害對方，既發生在個人之間，也發生在團體之間。
械鬥	即手持器械或武器進行搏鬥，一般是沒有預謀、沒有計畫的。
仇鬥	這是發生在部落、家族、種族之間的一種包含有民族或家族仇恨的暴力衝突。
訴訟	是一種以法律為手段的衝突。
戰爭	是衝突的最高形式，戰爭是有組織、有計畫的爭鬥。

資料來源：作者整理。

 第三節　社會角色

　　「角色」一詞是社會學家自羅馬的戲劇中借用的，原意是一種面具，羅馬演員帶著面具演戲，用以彰顯該角色的行為。當演員表現某一戲劇的性格時，其表演是由劇本、導演、觀眾反應、演員本身所決定；因此，無論演員是誰，只要有相同的角色，就會有相似的表演。是以，角色蘊涵人們期待的行為模式。

一、角色的意涵

　　角色的概念，首先在二十世紀二〇年代，由美國著名的社會學家米德（G. Mead）所提出。他認為：社會角色是由人們的社會職務所決定，為社會所期望的行為模式。這個概念中包括了多個涵義（如**表3-9**）：

表3-9　社會角色的涵義簡表

類別	內涵
個人特質	任何一項社會行為，不僅反應出社會角色所表現的社會地位及身分，而且體現出行為者個體心理、行為，以及群體心理、行為和社會規範之間的關係。
社會規範	社會角色是一個人參與社會互動時的一套行為模式，每一種社會行為都有一定的社會規範，社會角色便是依據該規範所體現的行為方式。
社會位置	社會角色反應出個體在群體生活和社會關係體系中所處的位置。
社會期望	社會角色深受行為者的社會地位和社會期待所影響。社會角色的行使必須符合社會的期望，而且應依照社會所範定的行為標準、責任和義務等去行動。

資料來源：作者整理。

　　根據米德的觀點，其認為角色的形成並非是與生俱來的，而是經由社會互動、教育學習，乃至社會化過程產生的；人自出生後的角色學習經歷三個過程（如**表3-10**）：

表3-10　角色學習經歷的過程簡表

階段	內涵
從模仿到認知的過程	兒童最初的角色學習是玩耍中的角色扮演，經由模仿學習，兒童開始逐漸瞭解到社會中各角色，並由模仿過渡到認知。
從自發到自覺的過程	個人的部分角色為與生俱來，如性別角色，人在不知不覺中開始承擔這些角色。隨著年齡的增加，人們在社會及教育的影響下，開始自覺的學習並非是與生俱來的角色。
從整體到部分的過程	社會角色最初都是以一個完整的形象出現在人們面前。個體對角色的認知最初也是整體的輪廓，隨著學習的深入，個體開始學習角色各個部分的具體規範、權利、義務、知識和技能等。

資料來源：作者整理。

二、社會角色

　　在此基礎上，個體才能把習得的各部分內容有機會結合起來，完成角色學習的任務。在社會學的理論中，結構功能理論及符號互動理論皆對角色的概念加以說明，但彼此觀點卻有所差別（如**表3-11**）：

表3-11　社會學理論於角色的概念差異簡表

類型	結構功能理論	符號互動理論
立論基礎	是置於整個社會系統中加以說明，認為角色是社會結構的構成單位，是根據社會全體的需要分配給個人的，使自己的行動適應社會要求與規範指導。	認為角色是人們在相互行動過程中逐漸形成的。在互動過程中，他人的態度喚起了自我內部與之相呼應的態度。為期達到彼此互動的協調性，自我會產生必要的行為控制。

（續）表3-11　社會學理論於角色的概念差異簡表

類型	結構功能理論	符號互動理論
思考觀點	由整體觀點詮釋社會角色，角色與角色之間具有高度的互補性。	是置於個人層次上加以說明，經由反覆的協調與評價，他人態度便逐漸內化於自我的意識當中，而形成「客我」（Me）的現象。
行動方式	角色就是個人在社會結構中行動的過程。	將這種導致取得他人交流互動的媒介，稱為「有意義的符號」。有意義的符號能喚起雙方的共同反應，達到互動的目的。

資料來源：作者整理。

角色的產生既然與社會互動關係密切，則個體在現實生活中所扮演的角色，為能符合社會對該角色的要求，以達到角色適應，取決於下列因素（如**表3-12**）：

表3-12　社會角色適應的因素簡表

類別	內涵
角色期望	個人對社會或他人對自己所承擔角色應表現出來的某些行為模式具有清楚的認知。
角色知覺	個人對自己所承擔的角色及職責有明確的瞭解，並有準確的角色知覺。
角色技能	個人對順利完成角色扮演，具有足夠的智慧、經驗、能力。倘若，個人無法順利完成社會角色的運作，則極易造成角色衝突或角色緊張等現象，以致影響個人的社會適應。

資料來源：作者整理。

由於社會角色是社會成員對社會地位占有者所期望的一系列行為模式，這種期望自然受到社會的變動而有所改變，因此社會角色並非固著於一定的型態，而是一種動態的行為表現，就其所具備的特徵包括：

1.社會角色不可能脫離社會而單獨存在：角色並不是單獨存在

的，而是與其他角色產生互補關係，是屬於社會結構的一個環節，與其他角色產生互賴關係，才能順利履行其功能。例如：一個人被視爲具有父母親角色是因爲其子女的出現。

2. 社會角色蘊涵著社會的期望，在踐履的過程則需經由學習而得：社會角色形構了個人與社會結構間的關係。這其中不僅包括社會要求的行爲準則，也涵蓋行爲的方式，甚至包括理想人格的期望。例如：一位醫生在宣示履職時，便有理想角色——史懷哲——的呈現以促其踐履。

3. 社會角色具有社群所賦予的權力，也擔負著社會期待的義務：社會角色的效力，涉及扮演者所具備的合法權力與應履行的義務。例如：醫生可要求病患爲應檢查之需要而裸露身體部位。至於父母親則有被要求撫養其子女的義務。

4. 當處於快速的社會變遷時容易造成角色偏差：角色偏差是指個人在扮演某種角色時，偏離了社會所期望的情形。此種偏差情況較易形成於快速的社會變遷之中，由於角色規範、行爲價值的疏離和迷亂而產生。

5. 社會角色的履行隨社會規範的變化而轉變：社會角色具有規範的性質，角色規範是指群體中的每一角色都必須遵守的行爲準繩。這是在長期的社會生活中薰陶、學習而內化於個人，並在個人社會實踐或動中表現出來。角色規範反應著社會規範的特質，其形式是內潛的，其作用卻是外顯的。社會規範如同演員的腳本，對行爲者具有規約的作用，至於其形式，有的是以書面形式或法律條文規定下來的成文的行爲準則；另有的則是不成文的規定俗成的行爲準則。個人只有把握了一定的角色規範，才能成爲被認同的社會成員。然而，由於法律、風俗皆可能變遷，因此角色規範也會改變，造成異於傳統社會的現象。

6. 當一個人同時擁有多個角色時極容易產生引發角色衝突：角色

衝突是指一個個體同時處於多個角色，並要進行相互矛盾的角色扮演時，其引發角色與角色之間的矛盾衝突現象。易言之，一個角色的行為方式妨礙了另一個角色的履行義務，便容易產生角色衝突。由於現代人的社會網路較為複雜，所具備的角色並非僅止於一端，因此在多重角色的扮演上，便會發生角色協調不一致的情形。例如：一位教師要求處罰違規的學生，該違規者竟是自己的親人，便會發生角色衝突的窘境。

對部分人而言，雖然角色可能帶來一些規範和約束，但其為一種形式的生活。對社會而言，角色是社會分工的一種方式，也是群體生活不可或缺的。社會角色至少包含了三向功能：經濟責任的賦予、新進成員的引導、需要扶持成員的照顧等，對此社會功能的維繫，使我們必須予以重視和維護。

三、角色衝突

角色和地位兩者的關係是一體的兩面。地位是指一個人在社會體系中的位置，或者說在社會生活中與他人發生關係的社會位置。例如校長、市長、立委；農民、工人、演員；父親、女兒、朋友等，都是地位。在社會生活中，每個人都有一定的地位。角色是地位的動態表現形式，地位一定經由角色行為表現出來。沒有地位，角色也就無從談起。沒有角色，地位也不好捉摸。如老師是一個地位，使得社會對該職務有一定的評價和期待，至於，備課、講課、批改作業、考核學生的成績就是老師的角色。正因為地位和角色密不可分，所以有時候也把它們當作同一概念使用。

一個地位可能有多種不同的行為方式，例如，律師有對待顧客的行為方式，也有對待法官或同僚的行為方法。這種多行為方式或多種

角色的存在，就是「角色組」（role set）。當多種行為或互動模式同時加諸於一個人身上時，便容易產生「角色衝突」（role conflict）。易言之，所謂角色衝突是一個角色或行為方式，妨礙了另一個角色或行為方式的履行義務。例如職業婦女可能產生工作角色與母親角色或妻子角色的不調和。另一個相關的問題就是「角色緊張」（role strain），它指著個人難於滿足角色之各種要求情境，這種情境會發生在家庭、工作或任何地位網絡。例如：一位護理長介於護理部主任與護士之間，介於醫生與病患之間，為了同時能滿足主管的目的與願望，並且想要維持與部屬的親密和關懷，在此情況下，利益衝突的產生會使其顯現出角色緊張。產生角色衝突的原因多端，仔細歸納約可區分如**表3-13**。

表3-13　角色衝突的因素簡表

類別	內涵
個人人格與角色不相配合	在現代社會中，婦女與年輕人常發現他們的傳統角色所期望的行為，並不能符合變遷的世界；許多人經歷到新角色的期望與實際的角色行為之間有強烈的衝突。
角色的必要條件含糊不清	一位新婚婦女應做一位家庭主婦抑或職業婦女呢？婦女的主要地位應是家庭主婦的看法，在變遷的社會中已逐漸模糊。
角色所要求的行為不一致	當一個人擁有許多角色時，角色間的不和諧可能就會發生；如一位警察於逮捕一位朋友時，可能會有角色不調和的感覺。
角色的中斷	每個人在生命循環的過程中可能會經驗到角色中斷。例如少年到成年，單身到已婚，已婚到離婚或鰥寡，這些角色的中斷會因社會的快速變遷而更加嚴重。

資料來源：作者整理。

角色期待是所有角色概念中最重要的一個，角色概念若被剝奪「行為期待」的部分，就失去整體的意義。薩賓（T. Sarbin）將「角色期待」解釋做擔任某一職位者被期待的行動或特質。角色期待的主要功用在使角色行使者明白其權利與義務，可從自我期待（self-

expectation）與他者期待（expectation by others）兩種角度來考察。即自我期待就像是一種義務，對方的期待就像是一種權利。夫婦的角色期待若能一致，又彼此被期待的角色能夠實際地付諸實現，那麼家庭生活就能圓滿，相反地，若相互間的角色期待多少有差距存在時，就會威脅到家庭生活的和諧，並可能妨害家庭的維持和發展。帕深思曾以緊張（strains）的概念來解釋社會體系內部的失調。以「角色期望」為出發點，說明緊張的原因可能是：

1.人們無法達到角色期望的要求。

2.角色模糊不清。

3.個人同時扮演兩個相互矛盾衝突的角色而引起的。

當個人扮演各種角色時，因為無法學習到與角色有關的權利、義務，而不能有效的表現角色，就會產生壓力。從社會體系的觀點來看，角色壓力是外在力量擾亂內在體系的穩定性，而使個人在所處的社會結構中無法表現適當的角色行為的狀況。角色壓力是由於社會結構中存在著對成員含混、不協調及不可能完成的要求，使成員無法履行其角色義務的結果。所謂含混的要求，研究角色壓力的學者稱之為角色的不明確。不協調及不可能的要求則分別稱為角色衝突、角色的過度負荷。角色的不明確是指個人無法獲得清晰的角色期望，或面對角色期望不一致的混淆狀況。角色過度負荷是指角色要求過多，使角色表現者無法在一定時限內完成；或角色要求水準太高，超過個人能力所能及的範圍。

 第四節　社會團體

　　個人與團體關係密切,團體是個人與社會的中介組織。就社會唯實論者強調,團體是一個實體,其蘊涵的團體意識、團體文化、團體規範等,深切影響個人;同時個人是經由團體納入整個社會系統,由此可見團體對個人的影響性與重要性。

一、社會團體的定義

　　綜合社會學的觀點,所謂團體:「乃是二個或二個以上的人,他們彼此交互影響以便每一個人能影響他人或受他人影響。」所以社會團體是人們經由一定的社會關係結合起來進行共同活動的集體,是人們社會生活中的具體單位。

　　團體生活是人類生活的基本單元。荀子說「人之生,不能無群」,古人已經認識到群居是基本的社會現象。人類之所以要群居,有三個方面的原因:第一是生產上的需要。人類的物質生產活動是社會性的活動,個人不能孤立地進行生產。無論是原始社會,還是文明社會的生產,人們都必須聯合他人共同勞動,並交換勞動及其產品。第二是安全上的需要。人類結群生活,是為了共同預防和抗拒自然界、其他社會團體和野獸的侵犯。現代社會人們的安全除了身體安全之外,還包括心理上和事業上的安全。第三是精神上的需要。「人非草木,孰能無情」,人的精神生活,包括信仰、情操、態度、價值、觀念等,離開人的群體生活,非但不能發生,而且沒有表達和交流的對象。

　　社會的群體不是簡單的個人集合體。人類的群體,是人們依據社

會關係結合起來形成的。短暫的邂逅，即令彼此有了很好的印象，如果不能繼續交往下去，也無法形成社會關係。由此可知，社會群體不是一個簡單個人集合體。電影院裡的觀衆、街頭巷尾因某些突發事件或交通阻塞偶然聚集起來的人群、火車或汽車中坐在一起的乘客，都不能算是一個社會團體。按照社會現象分類的人群，如老年、青年、兒童、男人、女人等，也都不能視爲一個團體。

二、團體的性質

依據社會學家唐納（J. Turner）的觀點，社會團體應有下列幾點特徵：

1. 團體是一個由少數成員組成的社會單位，由少部分的職位所組成。例如，人數約數十人的班級，是個較大的團體，但所組成的職位卻只有教師及學生。家庭通常是個很小的團體，其成員大多數在五、六人左右，而組成的職位也很少，通常只有父母及子女。

2. 團體的職位都有一定的規範。例如，家庭中不同的角色也有不同的規範，以指導不同分子的行爲；甚至最親密的友誼團體也存在著對彼此行爲的期望。

3. 團體的職位與規範具有互動的性質，而且從彼此的關係中獲得行爲的意義。例如，父親的職位是因爲孩子的存在才有意義，而其行爲自然受到孩子的期待而有所影響。

4. 團體以社會控制作爲規範的手段，以確保每個分子對於規範的順從。社會控制是經由正式或非正式的制裁來執行，這種制裁方式可能是言辭與行爲，或是特有的符號。

5. 團體會呈現出變遷的情況。團體會因爲組織成員的異動或需求

的差異，乃至於環境因素而產生變化。

綜觀上述，可見團體絕對不同於無組織、無秩序、無規範的人群集合，它是有組織、有秩序、彼此互相依存、有歸屬感與認同感，並且持續地互動的二人以上的結合體。

三、團體的類型

團體雖然是由兩個或兩個以上具有心理互動或是互相影響的人所構成的，但由於不同的衡量標準，產生團體的型態也不同。社會學將團體的分類區隔為下列數種類型（如**表3-14**）：

表3-14　團體的類型簡表

標準	種類	性質
團體組織	正式團體	成員是依照規定的手續而組成的，同時有明確的權利與義務，例如依據我國人民團體組織法所組成的社團。
	非正式團體	成員的組成非因特殊的目的，因此彼此間既無成文的規定，其組織也無一定的形式。
組成意志	非志願團體	成員非自動加入而成立的團體。
	志願團體	成員自動加入而成立的團體。
	代表團體	由大團體中選出來以代表全體執行其任務的團體。
團體功能	家庭團體	為養育子女而成立的團體。
	政治團體	為管理眾人之事而成立的團體。
	經濟團體	為維護及促進經濟利益而成立的團體。
	教育團體	為傳授或促進知識而成立的團體。
	娛樂團體	為娛樂目的而成立的團體。
	宗教團體	為滿足心靈救贖而成立的團體。
分子立場	內團體	成員彼此之間表達出忠心、愛護、合作、好感，並視本團體的分子猶朋友或兄弟，具有高度隸屬感的團體。
	外團體	是指別人的團體，與己無關，而表現出冷淡、懷疑、蔑視或敵視等。

（續）表3-14　團體的類型簡表

標準	種類	性質
分子關係	初級群體	成員間有面對面的交往與合作關係的群體。經由成員彼此間密切互動而形塑一個人的人格。其特質為：(1)人數少，規模小；(2)面對面互動；(3)關係持久；(4)互相關懷，並以情感的結合；(5)重複的互動；(6)非工作取向。
	次級群體	成員人數眾多缺乏私人性互動的大型團體，分子的互動不靠面對面的接觸，而是藉傳達工具為媒介，彼此之間也許永無一面之緣。其特質：(1)人數多，規模大；(2)非私人性的互動；(3)非持久性的；(4)關係淡薄，非情緒、正式、特殊化的，即成員相互協助以達到特定目的；(5)有限的關係；(6)以工作為取向。
行為模式	參考團體	當我們在面臨各種態度或各種行動方針時，必須從中選擇其一而可給我們作參考的那些團體。參考團體提供個人以價值、行為標準，甚至特殊的自我意象。人們藉諸「參考規範」，以確立他們自己的行動標準，經由參照參考團體的標準與表現，模塑他們自己，進行評價，以調適他們的行為。

資料來源：作者整理。

四、種族團體

「種族團體」在社會學上的定義為：具有明顯的社會特徵，並已經形成了它自己的次文化，以及懷有「自己人的共有感情」的團體。社會學家韋伯（Weber）強調種族團體是指：「人們把那些由於生理或風俗習慣上的相似性，或由於殖民開拓和移民的歷史的原因，持有一種主觀信仰的人類團體。並且，此種信仰在其團體形成的宣傳中，必須是絕對的」。文化人類學家認為要區分種族不是從其生物特徵面，而是從其文化面：這是由於人們根本無法研究純粹的種族類型，加上要區別後天學到的行為、先天遺傳的行為，以及測量智力和感情的特性有種種的困難。所以，人們很難確定種族之間的智力和感情特

性間的差異。

　　至於種族偏見是人們根據舊框框或概括對人、物或形勢的一種判斷；當事實證明它是不真實時，他仍抱著事先形成的判斷不放，於是偏見便形成了問題。與其他觀點和態度一樣，這種先入為主的判斷也是透過社會化學到的。

　　從人際互動來看，當帶有偏見的態度轉化，轉化為對人或團體的不公正的或不公平的待遇時，歧視就發生了。偏見和歧視未必要同時發生，但在通常情況下兩者是互為補充的。歧視可以合法地、正式地被建立在社會體系中，而且它甚至還可以存在於日常生活的非正式模式中。

　　受歧視之苦的一些進步的社會，常會以透過立法來宣告歧視為非法。但偏見並不能透過法律予以控制，因為那是人們內在根深柢固的態度。不過，對少數民族團體成員的態度近年來已有些變化，並且隨著這些團體取得更高的經濟、社會以及政治地位。因此，一般相信對他們的社會態度還會有更多的改進前景。

　　少數民族團體關係在社會中所受到的待遇，取決於下列三個要素，即「該社會之價值體系」、「該社會之社會組織模式」及「該少數民族的特性與反應」。因此，族群關係的模式，可以分為下列兩個範疇，即：

　　第一，接受該族群，並且融入整體大環境之中。

　　接受的形式有二，即同化與混合。透過接受，少數民族團體可以改變它的社會文化，以方便順從居於統治地位的文化和社會。尤其當少數民族團體在文化和生理上與主體社會相似時，同化的作用很可能會發生得更快速和更順暢。

　　混合是指一個民族或種族團體與當地的人口在生理上的合併，混合的另一種形式是文化多元化，即主體社會允許該民族參與社會，但與此同時又允許他們保持許多自己的文化和社會差異的部分同化。

第二，拒絕該族群，並且以民族偏見與歧視方式對待。

在一些人類社會裡，種族偏見與歧視現象相當顯著且嚴重。一般說來，當偏見和歧視變得高度組織化和集中化時，即一般表現在社會上一種有意識的政策時，也就會產生拒絕的模式；而這些模式有消滅、驅逐、分割以及隔離等。

如同社會階層所述，社會成員會對其成員的身體特徵與文化特徵進行區分，這種分別有時亦形成社會的不平等，族群關係往往是這種分野的結果。少數族群由於是社會中由具有特殊生理與社會特質的人組成的任何團體，往往由於他們的這些特質成為社會對他們偏見和歧視的目標。社會區分少數族群和多數族群時，均以兩者各自所擁有的權力，而不一定在於他們各自的成員多少。比如，當年的南非人口中黑人多於白人，黑人反而是少數團體。其實，有一種區分少數團體和多數團體的指標，是以「統治者」或「從屬者」名詞來形成他們之間的差異，這種差異表現於社會生活中的政治、經濟以及社會層面。

少數團體又往往是社會中的弱勢團體或弱勢族群，因為他們的權利與機會均較多數團體來得稀少和薄弱之故。弱勢族群，由於這些人往往（長期）受到多數民族和多數族群的歧視，因而，他們處於政治、經濟以及社會的相對不利的地位，所以特別受到人道主義者的關注。經驗中可以發現，這些弱勢族群為了改善其所到的不平等待遇，經常會採取比較激烈的抗爭手段；其結果在某些歧視較嚴重的國家或地區，便會形成嚴重的社會問題。為了防範弱勢族群成為社會問題，許多國家均試圖經由制定教育、住宅、就業、交通、健康照護以及社會福利等方面之反隔離政策，來解決此方面的問題。

第五節　集體行為

　　近年來國內政治風氣開放，社會快速變遷，加以大眾傳播媒體的報導及影響，社會運動早已不是稀有的事物，甚至社會運動普遍盛行於各階層。然而由於社會運動幾乎與政治、經濟、社會、工業、種族、宗教、教育等問題相關聯，引發社會學研究者的關注，不僅是描述社會運動的發展程序，同時企圖分析該行為的性質和內容。探討社會運動不獨使我們更加瞭解人群社會的集體變化，預計其得失，並且增進對當前社會型態的體認。

一、集體行為與社會運動的定義

　　集體行為（collective behavior）是團體行為的一形式，產生與發展於不確定的情緒與情境。其特徵是在其互動過程中，各個成員對共同目標具有一致的意念。就上述的定義，集體行為有以下三個特徵（如**表3-15**）：

表3-15　集體行為的特徵簡表

類別	內涵
自願性	團體成員是一種自由的結合，其行為不受現有的社會規範限制。
情緒性	彼此間具有反社會或反制度的思想，並且將這種看法付諸實際行動。
過渡性	集體行為達成目的後，即自行解散或演變成為永久性的社會團體。

資料來源：作者整理。

　　社會運動（social movement）根據龍冠海教授的界定為：「社會運動是一個團體有目標、有計畫的一種共謀行動，其目的在於改變社

會整個或部分的現象，它可視爲社會變遷的一種手段。」亦即社會運動是實現更爲高貴的目標的一種手段，當相當數量的人團結在一起，以求改變或攫取已存在的文化秩序或社會秩序中的某部分時，就發生社會運動。

二、集體行爲的理論性探討

蘭氏夫婦（K. Lang & G. Lang）在《集體的動態》（*Collective Dynamics*）中指出：社會運動的發展，必須經由四個階段，這四個階段是：初步、民衆、正式及制度；它們構成了大多數社會運動的發展歷程（如**表3-16**）。

表3-16　社會運動的發展歷程簡表

類別	內涵
初步階段	在社會運動的初步階段，對於社會不滿的情緒開始出現。一項社會運動應具備的條件業已顯現，但尚未完全具體亦未形成組織。
民衆階段	此時，領導者出現，運動已逐漸成形，但仍然缺乏明確的目標，及如何達成目的方法。
正式階段	其顯著的特色，就是理想、信仰與目標的形成，以及正式的組織出現，且有職位角色的層級組織。
制度階段	其目標逐漸成爲社會制度，情況的進步已被確定。運動目標已成爲社會的規範。

資料來源：作者整理。

社會學對集體行爲的分析理論，較爲著稱的爲：

(一)傳染理論

黎朋（G. Le Bon）認爲，人在群衆裡容易感受到他人的暗示而產生行爲的附和，因爲群體中的個人處於匿名的情況；群衆使其分子產

生一體的感覺。由於群眾的共同態度與行為發展，被視為是一種傳染過程，人在群眾裡，接受並實行一種不被許可的行為，暗示感應是它最重要的傳染機能。

(二)聚合理論

　　人們在群眾情境中，容易表現出個人的潛在傾向。群眾參與者並非經由暗示感應或因他人激發情緒，而是基於本能或潛意識的需要。按照這種說法，人們在群眾情境中才可能顯示出他們的真正自我。因此，當許多遭受共同經驗的人們聚集在一處時，個人潛意識的需要或欲望，就容易獲致解放，而發展為強烈的行動趨勢，群眾行為就因而產生。

(三)緊急規範理論

　　一般人會有尋求安全和安定的特質，因此當處在環境緊急狀況下，群眾為克服危機而出現一致性、共同性的對應之道，因而會產生一種集體性行為模式，這種行為模式出現後，就會成為支配整個情勢的緊急規範，而對不遵守規範的參與者造成一種社會壓力。

(四)理性決策理論

　　社會學家巴克（R. Berk）認為人原本就是理性的決策者，因此，參加群眾行為，不會喪失此種理性，他們直覺地權衡行動的得失，參與者所選擇的行為都具有最大酬賞和最小代價的性質，而群眾行為之所以如此極端，乃由於參與人數增多時，個人的危險將會減小。

社會學概論

(五)價值累加理論

　　社會學家史美舍（N. Smelser）以價值累加理論（value-added theory）分析集體行為的發展條件與歷程，這種理論由經濟學借用過來，先前各個階段必須以某種特定的形式連在一起，下一階段才能將其價值累加上去，在整個價值累加過程中，每一階段是下一階段的必要條件。而產生最後結果的充分條件，是所有階段依特定形式連在一起，因此，集體行為愈進入後期，它們轉變成其他行為式樣的可能性愈小。其特徵如**表3-17**所示。

表3-17　社會運動的發展歷程簡表

類別	內涵
結構性助長 （structural conduciveness）	有某種結構因素的出現，才能導致某種集體行為的發生，集體行為主要係社會體系在某方面不能有效地發揮其功能。
結構性緊張 （structural strain）	1.社會秩序的突然瓦解。 2.長期的社會變遷。 3.不同社會部門之間持久而日益強烈的價值衝突。 4.某一事件或經驗不適合文化時。
共同信念的發生與流傳（growth and spread of a generalized belief）	是一種意識型態或信念、觀點或一些其他的共有符號，行動者用它來解釋問題，使其信念合理化，對問題達成一種瞭解。它詮釋人們所經過的緊張，描述緊張的結果，增強緊張的效果，並使以前不明顯的威脅成為更加迫切的威脅。
觸發因素 （precipitating factors）	前面三種條件是設定集體行為的舞台，而觸發因素乃導火線之引燃，證實人民的憤怒、懷疑與不安，因而觸使他們採取行動。
參與者的動員 （mobilization of participants for action）	指提出足夠的證據與藉口，使人信以為真而採取行動，如此，大眾的歇斯底里症才會突然發生，而演變成恐慌、暴民、社會運動，或其他類型的集體行為。
社會控制的運作 （the operation of social control）	指在集體行為發生期間或之前，社會為阻止或抑制集體行為所採取的行動，它會影響集體行為發生的時間、內容、方向與結果。如果社會控制失敗，集體的反應或活動會繼續增加；若社會控制不當，反而會激起集體行為。

資料來源：作者整理。

三、社會運動的發生原因

社會運動的發生，先是少數積極分子予以倡導，其後則多數人起而參與。然此積極的少數人及順從的多數人何以會發動此一社會運動？他們到底抱著怎樣的動機？韋伯（Max Weber）的四大動機說，一般認為係解答上述問題的重要思考。他說：人們所以參與社會運動，不外四種不同的動機。第一種人出於理智的選擇，堅信某一種運動有助於公道原則的推進，故決心獻身於此；第二種人為狂熱所鼓舞，非訴諸瘋狂的行動，不足以洩其鬱積；第三種人為習慣的傾向所決定，而所謂習慣的傾向，有的是家庭的傳統，有的是地域或職業的成見。第四種人為利害心所動，遂附和某一社會運動。尤其於社會運動接近成功之日，雖平素反對此一運動者，或為將來地位著想，或欲避免可能發生的禍害，遂亦望風而來。

至於我國社會於近日所產生的社會運動，就其肇因彙整如**表3-18**。

表3-18　我國社會於近日所產生的社會運動的肇因簡表

類別	內涵
經濟發展的外溢	所謂經濟發展的外溢，就是因經濟富裕而導致所得提高、教育普及、傳播媒體的擴張與中產階級的參與興趣，這種經濟發展所形成社會體制轉型的改變，提供了民間社會豐富的資源，使得民間有能力與政府直接對話，並提供相對應的資訊以監督政府。
政治權力本身轉化	所謂政治轉化，指的是國家政治權力中心支配結構的鬆動。由於內部派系的衍生與浮現，自成一股要求權力重組的力量產生，外部反對勢力的組成，更直接對國家權力結構構成有形的壓力，於是在內外在的壓力下，國家霸權支配力便下降，從而孕育了民間社會展現力量的管道與表達方式。
「民間社會」的出現	「民間社會」強調與「人民力量」的結合，民間社會內蘊的反支配力量，一旦集結而成，便會發生自主化的運動，這些運動完全的呈現在各種草根的社會運動中，抗爭的對象是國家由上而下的支配體系，要求民間社會的自主空間。

資料來源：作者整理。

四、社會運動的組織方式

社會運動的組織方式，每因參與分子的動機不同而不同。赫伯爾（R. Heber）因領導分子不同，把社會運動分為三類（如**表3-19**）：

表3-19　赫伯爾對社會運動分類簡表

類別	內涵
精神型	第一類的組織方式是屬於精神性質的。這一類的社會運動，由富有理智的人領導，參與分子亦均經過理智的選擇者。此類組織方式，經常極其民主，蓋合則集體討論，分則各自獨立，每一分子都是為此信仰而奮鬥的戰士。
情感型	第二類的組織形式是情感型的，以熱情的領袖（charismatic leader）領導，而運動的成功與失敗，亦全恃此一人的聰明才智。這一種組織的方式，採絕對的領袖制。領袖的左右，自然環繞著一群二級領袖，他們因領袖的信任而得到地位，因領袖的命令而採取行動。這一種組織方式容易發生幾種流弊：(1)二級領袖常因爭寵而發生派系之爭；(2)運動缺乏固定的目標，常因領袖意志的改變而改變；(3)領袖對群眾的感召力量，須自領袖超群出眾的行為中得之，故此種運動每易走上冒險的途徑。
功利型	第三類的組織方式是功利型的，為著暫時的共同目標而聯合起來。惟採取此種組織的方法大多是極為脆弱的，它有如國家組織中之邦聯，未嘗有真正的團結。同時聯盟者往往各有其利益，隨時勢遷移，利益不在時，即行解體宣告分裂。同時所謂同盟團體，均擁有幾個完全的領袖，各自領導自己的群眾，領袖之間，時常有同床異夢者。

資料來源：作者整理。

社會運動所顯示的現象，依西方著名社會學家哈伯瑪斯（Jürgen Habermas）的看法：「這是一種超體制的抗議形式，它們顯示了既有體制內溝通領域內的僵化與退化。」該集體行為具有社會實驗的性質，如果運動失敗，會逐漸停止，如果成功，它的基本前提會被納入社會體系中。社會變遷能給社會運動注入心血，相對地，運動也能帶來許多變遷，也因而產生反對運動的對抗，反對運動的目的就是持續

原來運動力量，反對運動興起於反對既存利益。簡言之，社會並非靜態，社會在任何時間都有許多運動和反對運動共同構成複雜的體系，將其推往不同的方向。當運動與反對運動的拉鉅戰最後達成勝負時，其即變成社會的一部分。因此，我們如何在這社會多元的趨勢下，因應國內傳統威權逐漸下降之際與民間力量慢慢興起的客觀事實，調整現有政經體制，吸納各種社會新生力量與團體組織，擴大參與的層面，穩定政治的發展，將民間力量轉化成國家進步的動力，便成為吾人所關心的課題。

結　語

　　社會創造個人，個人也在創造社會。社會中的個人並不完全消極被動的，每個人都在發揮自己的能力去改造社會。沒有個人的主動和積極的參與，社會就不能進步。在一定的條件下，個人對事物的發展具有決定性的作用，事在人為。個人的參與行為越是得到充分的發揮，社會進步也就越快。這也正是社會學中常說的「人人為我，我為人人」。

　　一個社會之所以能夠持續地發展，除了有賴經濟、技術、自然資源等物質條件之外，尚需重視社會及心理的精神因素，瞭解自己所處的位置所應扮演的角色，同時也瞭解別人所站的位置中所要承擔的職責，如此可以提高個人對於新環境的適應能力，豐富生活內涵，並且增進社會的和諧運作。尤其現代社會的分工愈加細密，人際之間的依存度愈來愈高，各種組織規模逐漸擴大，為求組織之有效運作，必須要求成員遵守一定的規範，於此容易使組織中的成員產生所謂的人性疏離感，因此要使各種組織活動有效率，積極發揮功能，組織經營者必須滿足社會成員的需求。社會學的專業知識正可以提供增進合於人性需求的措施，增進組織成員的思想、感情、心理的層面需求受到合理的重視。

4

社會教化與人格形塑

社會是各種人際關係的總和，亦是人們互動交往的產物。社會的存在和發展，決定於人們所處的社會環境及謀生的方式，此種謀生的方式深受社會化的影響。人的社會化，就是指一個人從自然人成為社會人，發展自己的社會性。要成為一個符合於社會要求的社會成員，就必須學習和掌握所屬社會長久積累起來的文化知識、技能，並且按照社會規定的規範行事。因此，社會化對於個人及社會的影響既深且遠。

 # 第一節　社會化的意義

「社會化」對於個人具有特別的意義，因為：「社會化即是學習社會與文化的信仰、價值、規範與社會角色的過程。」（引自美國學者P. I. Rose）為個人將其團體規範內在化的過程，經由這個過程乃有自我的出現，以區別個人的獨特性。經由一種過程，個人由此成為其所屬社群的一分子，即是他的舉動符合該社會的民俗民德。社會化過程是社會代代傳遞、文化永存的基礎，個人透過社會化始具有人之心性、人格。因社會化使個人與社會精神合一，文化的觀念情操也與個人的需要能力合而為一。所以社會學家認為：「社會化是將『生物的我』轉變為『社會的我』的一個過程。」歸納而言，社會化即：「個人學習社會規範與期待的過程。就是一個人學習或受社會影響而成為一個社會所能接受的人的過程。」

綜上所述的定義，吾人可以歸納，社會化包括下列的性質（如**表4-1**）：

表4-1　社會化性質簡表

類別	內涵
由「生物個體」培育成「社會個人」	人因具有人格，所以能順利的與他人互動並參與社會。人格的形塑與團體生活有密切關係。諸如：人雖有飲食的需求，但是食物的選擇、烹調、用餐的方式等，隨著不同族群便有所差別，這當中便受社會化的影響。
制約個體行為和發展個人	社會化一方面訓練個人的行為，使其成為社會中的成員，另一方面則藉由文化的傳遞，使個體獲得社會技能，發展社會人格，使個人進入有組織的社會生活。
個人主觀吸納及客觀環境影響	當我們與別人互動時，便受到其他成員提供資訊的影響，這些資訊的是否會納入我們生活的部分，需視當事人的接納而定，如果將其併入自己的生活，便使得社會化得以完成。同時社會對個人傳遞文化、態度、價值、行為規範或生活方式等，也運用酬賞原則加以影響，使個人為求團體認同而達成與成員一致的生活方式。

資料來源：作者整理。

就個人而言，社會化是社會對個人傳授其文化或生活模式與團體價值的過程，也是將生物個體模塑成為一個社會分子的過程。就社群而言，若無社會化，社會就不能永續，文化也不能存在，個人更不能成為有人性、有人格的人。因此，社會化實在是人格發展與社會存續的基本過程。

 # 第二節　社會化的功能

亞里斯多德曾說：「能不在社會裡生存的人，不是禽獸就是神明。」人不能離群索居。社會學研究者證明人是依賴團體、社群而生活，進而驗證社會化對團體的重要性及其功能。經由人類自羅馬時代起到現代曾發現的三十多個「野人」，似乎更令人們相信亞里斯多德所言為真。我們可以更加清楚瞭解「社會化」對個體的重要性，因為其建構了人們的人性以適從社會而生活。就如同社會學家顧里（C. H.

社會學概論

Cooley）所言：「 人性，是指人類具有優於低等動物的那些情緒和衝動，並且使其屬於全體人類，而不專屬任何一個特殊種族或特定時段。它特別是指同情心與包含同情心的許多情緒，以及社會的是非感覺。」

　　社會化的目的是設法使生物的個體，能順利納入社會而營群體生活。是以社會化不僅對個人的生存和發展是必不可少的，而且對社會的生存和運作也有其貢獻。社會化的目的，茲綜合社會學者的看法，大致上可分為下列數端（如**表4-2**）：

表4-2　社會化的目的簡表

類別	內涵
灌輸社會規範	社會化是傳遞社會文化的過程，而個人要成功地扮演社會的角色，就必須接受社會規範和行為模式。
訓練社會角色	社會化就是訓練每一個人，並充分發揮個人潛能，使其成功扮演社會角色。
教導個人技能	個人透過社會化學習社會生活的方式與技能。
引發個人抱負	社會化提供成功的典範以引發其抱負，實現個人理想。
培育社會品格	隨著個體深受社會影響，自會塑成其人格而具備社會品格。

資料來源：作者整理。

　　社會化的功能乃在形塑「真實的我」以調適個體的生物特性，俾便納入社會生活。為了達到此項功能，社會化幫助個體由「本我」（id）、「超我」（super-ego）走向「自我」（ego）；換言之，社會化是將「生物的我」及「理想的我」轉為「社會的我」、「實在的我」。

　　社會化是個人改變成適合組織生活與文化傳統的過程；另一方面，它是動物界有機組織變成人類並獲得自我的過程。因此，社會化代表兩個互補的過程：社會及文化移轉的轉移與人格的發展。社會化是人類社會的建立與存在的重要力量，其維繫的基礎如**表4-3**所示。

表4-3 社會化的形成因素簡表

類別	內涵
本能的缺乏	人類像所有的有機組織一樣,具有許多本能的內在心理的反射動作,例如:嬰兒吸吮、眨眼或流汗。如果人類僅具有本能的生物行為模式,人類的學習能力將會被限制住,而不能接受社會化。人類所具有生物的內驅力,如飢餓或性慾,是一種有機體的緊張狀態,它會造成不舒服或衝動,內驅力如果沒有學習過程的引導,就只能產生不安與尋求的行為。
生物的依賴	一個新生兒的生存完全要依靠他人,因為他缺乏本能與自動的行為方式,以確保自身的安全、生存及與他人合作。兒童在新環境裡需要依賴他人,來滿足他的基本需要。如果兒童要生存,必須經由母親或其他代替母職的成年人的餵食、保護及照顧。
發展的需要	人類的接觸不僅是物質的滿足,社會及心靈的安寧與發展也是必需的條件。當嬰兒成長時,他的內在傾向及社會經驗都會影響其人格的發展。如果沒有人類社會的接觸所提供的社會經驗,對個人的人格發展會有嚴重的損傷,甚至無法參與社會的工作,因為他是缺乏社會化的人。
自我的獲得	個人是經由社會化而獲得社會自我(個人身分或社會角色及其他特徵),當一個嬰兒被社會化後,他就從一個生物有機體轉變為一個社會人。換句話說,人格與自我的發展是源於個人的成長、互動,並從他人那裡學習文化的規範、價值、態度及信仰而形成的。
文化的轉移	社會化之所以重要,係因它是人類文化從一代傳遞給下一代的過程,也是新生分子適應社會的過程。社會化涉及若干社會角色及生活技術的學習,而使人能執行工作,取得需要的滿足。除非文化的組成要素,如知識、技術、角色等,能傳授給他們,否則新生分子是無法順應物質生活或社會環境的。

資料來源:作者整理。

 第三節 社會化的形成

在社會化的順利展開,有五個交互作用的基本元素:(1)生物性的限制和潛能;(2)所屬社會的文化與社會結構;(3)當時的處境;(4)過去的經驗;(5)個人與社會的互動。而就其中的融合過程(fusion

process），由貝克（E. W. Bakke）所界定，指組織內兩個過程的同時運作：

1.社會化過程：給予成員的持久壓力，以使其整合於組織的需要，且使其為社會化過程的代理人，此亦即模塑其行為，使合於組織內對他的角色所作的期望和要求。
2.人格化過程：組織內部分成員在社會化的同時，持續努力以實現其個人的目標，在組織內達成自我表現。

至於社會化的要件，則包括：(1)個人；(2)社會人；(3)個人與社會互動。班度拉（A. Bandura）認為社會化有三階段：

1.注意到模仿對象的行為。
2.將注意到的行為保留在腦海中。
3.將保留在腦海中的行為意象以行為表現出來。

社會化機構就是那些對社會化產生作用的團體或組織，社會化的執行乃是經由這些機構的運作方能產生對個人的影響力。

一、家庭

家庭是人格形成、人格社會化及人格發展的中心。家庭常負有教育兒童社會秩序及文化本質的責任，也負有指導他們個別發展的責任。同時孩子不但受到家中每位成員獨特的性格所影響，更主要的是，受到這些人所習得的次文化所侷限。不同階層背景的人，管教子女的方式不但不同，並對孩子的性格、能力，以致於將來在社會上所獲得的生活機會，都有極深遠的影響。

二、同儕團體

同儕團體（peer group）是一種相似年齡或地位者的結合。心理學家皮亞傑（J. Piaget）認為兒童在同輩團體中的互動，對其道德的全面發展，具有重要的意義。社會學家李斯曼（D. Riesman）認為：在現代社會，人們易於產生他人導向的人格，同輩團體為現代社會重要的社會化機構，而同輩們的觀點即成為個人行為的指導，以贏得同輩認可的行動方向。在現代社會中，同儕團體對於個人的影響力量，遠較以前的社會為大，成為影響青少年社會化及人格發展的重要單位。

三、學校

在現代社會中，學校是使小孩離開家庭，並導引他們進入較大社會的主要機構，其功能有：(1)政治與社會的整合；(2)選拔人才；(3)文化傳遞；(4)傳授知識、訓練技術；(5)社會化或差別社會化。

學校的社會化，強調個人調適於非私人規則與權威。這種調適是在現代社會中成功表現的基本條件。而學校對兒童社會化的實施，不但發生在正式的課程上，也發生在校園環境中。而學校的規範或行為期望，將對學生的人格和成長產生深遠的影響。

四、傳播媒體

在現代社會中，大眾傳播媒體在社會化過程中已經扮演了極為重要的角色。因為只要輕輕一按開關，人們就可以收聽音樂、新聞、戲劇等節目。由這些傳播媒介，人們不單是接觸到通俗文化（popular culture），同時藉以瞭解社會現象，形成社會態度。

閱聽人經由電視、電影與其他媒介，感受到一種外在世界的情境，建立起人們的價值觀念、社會角色及其他的社會組織等的知識，這就是偶然學習。社會學家曾以工作世界為題，研究顯示各階層的兒童都能描繪某些職業角色，如董事長與侍者的行為、服裝形式及社會地位。大眾傳播媒介與其他社會化媒介的影響之間有交互作用。家庭與學校或其他社會化的機構，如不能有系統地提供各種消息，電視與其他大眾媒介變成社會學習的老師，形成社會成員的生活觀念和價值態度。

五、職業團體

就現代生活而言，職業與我們生活息息相關，是以職業所形成的角色被稱為是個人生活中的主要角色。職業團體對我們社會化具有相當的影響，不僅表現在一個人的工作技術、態度和生活方式等的形塑，同時在職業生活中，許多人乃逐漸形成其職業人格，以適應其工作環境，例如：教師親切的態度、圖書館員小心的習慣、律師精明的眼光、科學家求是的精神等，這些職業態度都是構成個人人格的一部分。

 第四節　社會化的理論

社會學家認為：人格是一個人的特性及價值的總體，此種特性與價值深受社會文化的薰陶。由於行為科學研究者的貢獻，使得人們對於社會化理論有更為深入的探討，並進而對其性質、起源、功能及內涵，有更為深入的瞭解。較為著稱的包括：

一、顧里的「鏡中之我」理論

顧里（C. H. Cooley）提出「鏡中之我」（looking glass self）的概念。他認為我們如何看待自己，是受我們如何考慮他人觀察我的內容所影響。例如：我們為什會覺得自己能幹，是因為周圍的人都給予如此的評價。我們對自己的印象是從別人的評估裡得來的，正像我們從鏡子裡才能看見自己的影像一樣。顧里認為每個人都是另一個人的一面鏡子，在「鏡中之我」有三個因素：

1.想像我在他人心中的形象。
2.想像他人對此形象的評價。
3.由此形象產生自我的感覺。

顧里深信，最為主要的自我形象形塑是發生在初級團體。故一個人的自我形象與自我觀念的建立皆須靠他人協助，且以他人的標準來比較。自我乃由他人反應中學習而來，故別人對我的反應即是自我的一面鏡子。

二、米德對社會化的理論

米德（G. H. Mead）對自我的形成，建構了豐富的理論，影響較為深遠的包括：

(一)「概括化他人」（generalized others）

一個人於社會互動中，自他人的行為與態度建立自我，形塑自我意象，將社會態度內化，並經由概括化他人的過程，發展出複雜而完整的個人。因此，只有「概括化他人」的過程被內在化之後，成熟

的自我才會產生。「概括化他人」是指兒童對團體組織的初步角色反應；由於兒童的自我形成往往來自於其接觸最為頻繁、影響最為深遠的家庭與父母，因此父母的態度與家庭成員及親屬的態度和形成的次級文化，便成為兒童社會化的來源。

(二)「重要他人」（significant others）

在社會化過程中，由於個人的喜好、接觸的頻繁度，甚至是「選擇的親近性」，使得在學習過程中有特別重要影響性的他人，其對於個體有長遠深入的影響力，米德稱之為「重要他人」。

(三)「主我與客我」（I and me）

自我是個體尚未被社會化、易衝動及有創造力的部分，這就是「主我」。主我代表自我未被組織與指導的趨勢與傾向。而經由社會化的過程與學習制約薰陶下的自我，就是「客我」。客我是由他人的社會態度內化或組織而成的，常優先考量他人的意見。

三、佛洛伊德對社會化的理論

佛洛伊德（Sigmund Freud）認為人格分為：本我、自我及超我三個主要部分，而社會化即是將「生物的我」與「道德的我」整合為「真實的我」的過程（如**表4-4**）。

表4-4　佛洛伊德對人格分析簡表

類型	特質	原則	內涵
本我 （id）	「生物的我」	以追求快樂為原則	個體具有原始衝動，包括各種生理需求，遵循享樂原則，追求立即、完全的滿足。

（續）**表4-4　佛洛伊德對人格分析簡表**

類型	特質	原則	內涵
自我 （ego）	「真實的我」	以達成現實 為原則	個體在現實環境中尋求個體需求的滿足，是調合本我與超我直到合適的情況。
超我 （super ego）	「道德的我」	以追求完美 為原則	個體經由社會化過程提供合於社會要求的規範，並管制和壓抑本我的衝動，遵循道德原則以明辨是非。

資料來源：作者整理。

四、艾力克遜對社會化的理論

　　艾力克遜（E. H. Erikson）主張社會化的過程並不僅限於佛洛伊德的幼兒期階段，人生的每個階段皆有其心理危機，也有個體所認為的重要關係他人，這些重要關係他人影響著個體的社會化，其將人類成長分為八個階段，每一階段有其發展危機，即面對生命中主要難題的時期。每一個階段能否成長和衝破難關，取決於每一階段的成長和解決問題的程度（如**表4-5**）。

表4-5　艾力克遜分析社會化過程簡表

階段	年齡	內涵
嬰兒期	出生後頭一年	是對人信任，有安全感的信任，與面對新環境時會焦慮的不信任關係的建立。
幼兒期	二、三歲	是能按社會行為要求表現目的性行為的自主，與缺乏信心，行動畏首畏尾懷疑。
遊玩期	四、五歲	主動好奇，行動有方向，開始有責任感的自發性，或是畏懼退縮，缺少自我價值的內疚感。
學齡期	六歲到十二歲	勤奮進取與自貶自卑，發展出勤奮，具有求學、做事、待人的基本能力與因缺乏生活基本能力，充滿失敗感、自卑的對立。
青春期	十三歲到十九歲	兒童到成年的轉移期，有了明確的自我觀念與自我追尋的方向，形成認同與角色迷惘的對立。

（續）表4-5　艾力克遜分析社會化過程簡表

階段	年齡	內涵
青年期	二十歲到三十歲	友愛親密與孤癖疏離，是與人相處有親密感或與社會疏離，時感寂寞孤獨的對立特質。
成年期	三十一歲到六十四歲	精力充沛與停滯頹廢，熱愛家庭關懷社會，有責任心有正義感，形成新生感或停滯感的對立。
老年期	六十五歲到終老	是自我榮耀與悲觀絕望，表現出整合或失望的對立。

資料來源：作者整理。

五、皮亞傑對社會化的理論

皮亞傑（Jean Piaget）認為認知發展是一種社會和心理現象，對於人格發展和社會化理論有深遠的影響。認知論的中心思想，就是在刺激與反應之間，設置一個認知過程。刺激並非自動引起反應，而是透過個體對刺激組成，所以，學習就是對刺激與刺激之間的關係的認知，單憑對經驗的知覺，不必透過反應，亦可產生學習。皮亞傑所分四個認知發展階段包括：

(一)感覺動作期（sensorimotor stage）

從出生到兩歲。智力主要是對事物感覺和在環境中運動而產生出來。這個時期嬰兒逐漸瞭解自我的能力，開始能區別自己的身體和環境。這種認知發展（目標的持久性）同時亦配合著嬰兒情緒的發展（即信任）。

(二)前運思期（preoperational stage）

兩歲到七歲。主要智力成就是語言。這個時期最重要的是學習語言。語言使幼兒與其他人交往、思想、陳述外在環境、過去和未來。

幼兒亦藉語言去表現其心理經驗，評斷自己。總之，由語言的使用，幼兒可以描述目標和經驗的心理景象，擴大其生活領域。

(三)具體運思期（concrete operational stage）

七歲至十一歲。擅長具體性思維（有實例展示），不熟悉抽象思維。兒童思想漸趨成熟，他們開始運用工具，瞭解因果法則，區別事物及思考各種邏輯關係，這些心智發展是他們歷經各種經驗的直接結果。在此時期，兒童的一切想法皆以具體為主，即他們只對真實物體和情境加以反應。這種具體性也使兒童評鑑物質大小和各種客觀的成就。兒童也會與其同伴相互比較其身體與反應，產生自傲、自卑的感情。

(四)形式運思期（formal operational stage）

十二歲以上。有能力進行抽象思維。青少年時期開始發展抽象概念、理論和普遍原則，並且自己創造各種假說。青少年抽象思考的發展是一種情緒的結果。他們依情緒的好壞對人物產生直接反應。

皮亞傑強調兒童在不同階段有不同的思維方式，這些認知發展既是純粹成長的結果，亦是反應文化和社會化的影響。皮亞傑曾說：「各種不同階段是兒童與其環境互動經驗的產物，經驗導致兒童自我認知組織的重建。」（Piaget, 1969）可見認知發展是個人與其環境交互影響的結果。

六、孔伯格對道德發展的理論

孔伯格（L. Kohlberg）認為人對道德問題之思考，不只是文化思想之結果，亦是情緒之成長、認知之發展而來。孔伯格將兒童道德發展分為三階段：

(一)道德前期

1. 避免處罰：以行為對身體的結果來判斷行為的道德性。若做某件事後遭到處罰，則會認為不該做它。
2. 獲得獎勵：兒童開始知道守規則會有獎賞，不再只是逃避處罰。

(二)傳統道德期

1. 與他人產生關係：乖孩子道德階段，兒童判斷行為的道德性是根據該行為符合他人標準的程度，藉以獲得他人的認可與好感。
2. 順從權威：遵守社會規則固然重要，但是規則的改變，若對更多人有利，則不妨改變規則，其道德性以基本人權為基礎。

(三)道德後期

1. 法治觀念取向：將正義、憐憫、公平的理想加以內化，並且遵從這些理想，使其符合社會標準。
2. 把遵守規範變成良能良知。

兒童對於道德問題的思考是逐漸在接觸環境中與成人、團體互動而形成的。易言之，道德發展受到社會化的影響。

 第五節　社會化的類型

社會化是一種逐漸的、持續的改變過程，根據社會學的觀點，因為人一生均處在社會化之過程中，且成年以後，或由於職業的改變、

學習、結婚、子女出生等生活的改變，不斷地面臨新的角色，而必須隨著角色的變遷而學習新角色的規範、價值、行為模式等，所以社會化可謂向人生漫長的歷程。就其類型可分為：

一、主要社會化（primary socialization）

指兒童時期的社會化，它是藉由基本價值、技能和語言的教導，使嬰兒變成一真正社會人的過程。也可以稱為個人人格和自我概念最主要的發展過程。

二、預期社會化（anticipatory socialization）

由墨頓（Robert K. Merton）所提出。是指在準備加入一項新的社會角色時，先學習他的權利、義務、期望和前途。當某人學習了他所熱衷的地位或團體所必需適當信仰、價值和規範時，他正是學習了如何扮演他的新角色。

三、繼續社會化（continuing socialization）

是指學習一套和從前不同的價值、信仰和行為。在個人一生中，當個人由一地位轉移到另一地位，或由一團體轉移到另一團體，都可能有繼續社會化或再社會化的經驗。其過程常見於成年人為適應角色變遷，而學習新角色的扮演，或新的價值、規範與行為模式。

四、再社會化（resocialization）

是一種更基本的、迅速的灌輸價值觀念或文化，以澈底改變或放

棄原來生活方式，而接受另一種截然不同生活方式的過程，且新的角色完全不同於原來的角色，甚至反對過去的角色價值，如集中營的洗腦、犯人重建、削髮為尼等。社會學家賽茲尼克（P. Selznick）認為，一個已經社會化的成年人，其人格穩定，價值和行為模式也已是十分固定，如欲其再社會化，通常需要十分強烈的方式，這些方式為：

　　1.全面控制個人。

　　2.抑制過去地位的自尊。

　　3.否認過去自我道德的價值。

　　4.個人堅強的參與再社會化。

　　5.極端的制裁。

　　6.加強同輩團體的壓力與支持。

人口結構與人口變遷

人口是社會活動的主體，是社會的基本單元與社會關係的承擔者，研究人口現象探索人口規律，對於人類發展及社會發展都具有重要的意義。因此人口的研究成為社會學的重要領域之一。

 第一節　人口研究

人口（population），在社會學中通常指一地區內的全體居民。它所強調的是人的數目，即個別的人或人類有機體單位，在一特定空間上集合而成的總體。

人口現象是指：「任何一個人口集團所呈現的任何狀態或特徵，都可稱為人口現象。一般按人口的狀態分為動態人口與靜態人口；前者指人口的出生、死亡及遷徙等現象，後者指一地人口在特定時間之內的數量及其組合情形。更為普通的分類法是以人口的性質或所表現的特徵為根據，將它分為數量與品質兩種。」

人口學（Demography）是指：「研究人口過程及發展規律的科學。所謂人口過程，是指一個社會人口的自然變動（人口的出生和死亡）、遷移變動（人口在空間上的移動）、社會變動（人口社會構成的變動）這三種變動的總和。

人口的存在和發展要受一定的自然條件影響的。這種自然條件既包括人口所在的自然環境，又包括人類自身的諸如遺傳、變異及各種生理機能的自然因素，因此，人口學的研究就不能不涉及人類自身的一些自然因素。人口問題是一個複雜的社會問題。要明白人口過程及其發展規律，就必須清楚社會生活的各個主要方面，這涉及各種社會關係，特別是人口與經濟、政治、文化、家庭等關係。

人口學一般分為廣義與狹義兩種。狹義人口學注重人口數量分析，研究人口的出生率、死亡率和人口增長率，至於影響這些數量的

社會原因，認為不屬於人口學研究範圍。廣義人口學除了注重人口數量分析之外，還注重研究人口過程的存在和發展如何受一定的社會生活條件的影響，研究人口數量變動中的規律性。」

在人口研究的內涵上，社會學家多半以「出生」、「死亡」、「遷徙」等人口特徵，來描繪人口的現象。

一、粗出生率

粗出生率是指一年內某一地區每一千位年中人口之出生數。

$$粗出生率 = \frac{一年內之活嬰總數}{該年年中總人口數} \times 1,000$$

所謂活嬰係指產婦完全產出或取出的懷孕產物，該懷孕產物在完全脫離母體後，應能呼吸或顯示任何其他生命現象，凡如此出生的嬰兒均被視為活產。至於年中總人口，一般是以該年七月一日的人口為準。

二、生育率

生育率指育齡婦女人數與在一年之中生育活嬰數量之比，亦即一年內每一千位育齡婦女平均之活產數。

$$生育率 = \frac{一年內之活產數}{該年15\sim49歲育齡婦女之年中人口總數} \times 1,000$$

生育率要比粗出生率更具意義，因為它已消除了粗出生率中所含性別與年齡組成中的部分因素（如男性、老年人和幼兒）。

三、粗死亡率

粗死亡率是爲一年內某一地區每一千位年中人口之死亡數。

$$粗死亡率 = \frac{一年內總死亡數}{該年年中人口數} \times 1,000$$

四、粗結婚率

粗結婚率（crude marriage rate, CMR）係指一年內每一千位年中人口中所有結婚的對數。

$$粗結婚率 = \frac{一年內所有結婚的對數}{該年年中人口數} \times 1,000$$

國人結婚年齡愈來愈晚，孔子說的「三十而立」到了今天恐怕將變成「三十而婚」；離婚率則不因晚婚而有所改善，反而是逐年攀升，年年創新高。婦女經濟獨立，自主性提高，以及整體社會價值觀改變，都影響兩性對婚姻的看法。

五、粗離婚率

粗離婚率係指一年內每一千位年中人口中所有離婚的對數。

$$粗離婚率 = \frac{一年內所有離婚的對數}{該年年中人口數} \times 1,000$$

　　結婚年齡延後，未必保證能以成熟的心智維繫婚姻關係，因為統計顯示，離婚率年年提高，顯示了家庭的穩固性逐漸下降、破碎家庭造成的社會問題增加，其亦是造成出生率下降的原因之一。現代人的婚姻觀，真的與以往大不相同。

六、人口密度

　　人口密度為表示人口與土地關係的一種指數，又稱人口密度指數，即某一地區或國家全人口數與其土地面積的比例。即是全人口數與總土地面積比。人口問題之發生與生活空間有密切關係，而探討生活空間時，就需考量土地的大小，因而人口與土地的比例係人口問題研究的一個基本要素。

七、平均餘命（平均壽命、預期壽命）

　　平均餘命，係指滿X歲生存者人口，在假定現在的衛生狀態不改變的條件下，一直生存至無生命時之個人平均生存年數。依據內政部統計，我國一一○年的平均壽命為81.3歲，其中男性78.1歲、女性84.7歲，皆創歷年新高；比較聯合國公布全球平均壽命，我國男、女性皆高於全球平均水準，分別多7.9歲及9.7歲。長期而言，國人平均壽命呈現上升趨勢。相較於民國十五年台灣地區居民平均壽命男為38.7歲，女為43.1歲；此皆係公共衛生的進步、醫療保健設備與技術水準的提高、國民衛生知識的增進、經濟發達與國民生活水準及居住環境的改善，以及國民營養的重視等所達成的結果。

八、人口遷移

人口遷移（population migration）是人口動態的一種，普通限於涉及有較長期居住變更的人口遷徙，並非指任何一種人口移動。例如甲地人口移往乙地從事較長期的居留，這才叫做遷移。從甲地的立場來說，這種人口移動稱為人口外移；從乙地的立場來說，則稱為人口內移。

人口遷移的類型，分析如**表5-1**。

表5-1　人口遷移的類型簡表

類別	內涵
目的動機	分為謀生求職型與非謀生求職型。
就業性質	分為產業性移民與非產業性移民。
社會組織	分為自發性與計畫性、有組織與無組織、自願性與強制性類型。
遷移時間	分為臨時性、季節性、間期性與永久性移民。
空間範圍	分為城鄉流動型與地區間流動型。
區域移動	分為國內遷移與國際遷移。

資料來源：作者整理。

人口遷移受自然、經濟、政治、軍事和宗教等因素的制約，是一定社會生產方式下的產物，同時，它又對遷出地和遷入地的社會經濟和文化發展產生巨大影響。人口遷移貫穿人類歷史，越到近代，人口遷移頻率越高，規模越大，遷移過程也大大縮短。

人口遷移會對一個社會造成影響，其影響層面約有下列四端（如**表5-2**）：

表5-2 人口遷移的社會影響簡表

類別	內涵
人口的影響	在移入國方面，它的人口必然因此增加，同時壯年男子的比例當然也會被提高。在移出國方面可以暫時緩和它的人口壓力或減少其人口數目，但移出者多為壯年男子，留下老弱婦孺可能影響他們的結婚率、生育率與死亡率。在移入國方面，它的人口必然因此增加，同時壯年男子的比例當然也會被提高。
經濟的影響	就移入國而言，移民對它的各種事業必然有很多貢獻，使其經濟更加繁榮，但同時也可能因為人數眾多，與當地居民容易發生經濟上的競爭與衝突，而遭歧視、排斥。就移出國而言，因為移出者多為壯年男子，它的勞動力必定因之減少而影響其農工商業等的發展；但從另一方面來看，如果它的僑民在外國發達，而有大量的款匯回祖國，這也不無補償。
政治的影響	移居的僑民，因受其政治思想和行為之影響，而將其灌輸給祖國同胞，可能引起政治改革作用。
社會的影響	移民對於祖國一方面既可以把自己的文化帶到外國，另一方面也可以將僑居國的文化傳到祖國，而文化的變遷乃社會變遷的一個來源。

資料來源：作者整理。

九、人口增加率

人口大小的改變稱為「人口增長」。影響人口增長的原因有：出生、死亡、遷入和遷出。經由遷移造成的人口變化，稱為社會增加；經由人類自然地出生與死亡造成的人口變化，稱為自然增加。因此人口增長是社會增加與自然增加所產生的結果，其計算的比率分別為社會增加率與自然增加率。

(一)自然增加率

係指一個國家或地區全年人口成長數（出生人數－死亡人數）對該年年中人口數的比率，以千分比表示之。

$$自然增加率 = \frac{一年內出生人數 - 死亡人數}{該年年中人口數} \times 1{,}000$$

(二)社會增加率

係指一個國家或地區全年人口遷移數（遷入人數－遷出人數）對該年年中人口數的比率。

$$社會增加率 = \frac{一年內遷入人數 - 遷出人數}{該年年中人口數} \times 1{,}000$$

十、人口金字塔

人口依據年齡與性別來分配的橫格圖稱為人口金字塔（population pyramid）。其中各種橫格代表連續的年齡組，每組距為五歲，最低的年齡組放在底層，順序而上，最高的年齡放在頂端；從頂端到底層在累疊的橫格中間畫一直線，其左邊的指示男性各年齡組所占百分比，其右邊的則指示女性的所占百分比。

人口金字塔在人口研究上有多種用途，它不僅告訴我們一個人口集團在一特定時間內各年齡組的男女比例之多寡，勞動力之大小，以及它在將來是增進、衰退或穩定，同時還可以幫助我們推論它所受到的某些因素之影響，如遷移、戰爭、死亡及生育節制等。

由於人口隨著年齡的增加而逐漸死亡或減少，因此人口的性別年齡分布一般皆呈三角形。然而由於國家不同，出生數和死亡數的不同，鄉村城市的不同，尤其是發生社會問題如地震、水災、旱災和戰爭時，人口變動會很大，也造成人口組成型態並非都是規則的三角形。

十一、性別比

性別比是指「男女兩性的分配狀態」。性別比的測量通常是指一時一地的人口中每一百名女子與男子人數之對比,即以女子人數除以男子人數再乘以100。在懷孕時,男性比較多,其比率大約120～130男性對100女性,在出生時性比率平均常在105左右,在中年時數目差不多相等。不過女性壽命平均比男性長,大約到了四十五歲之後,女性數目漸漸超過男性,大概年齡愈高,性比例就愈低。目前西方各國的情形,大半是女多於男;至於東方的國家如中國、印度則是男多於女。

影響兩性不均的因素,除了生育與死亡的生物因素外,主要的有三個:

1.戰爭:在戰爭中被殺的多半是男性。
2.移民:向遠地遷移的普遍是男性多。
3.社會態度:重男輕女的社會大半男多於女,如我國。由於我國文化向以男丁為子嗣,因此以人為的方式干擾性別比。

 # 第二節　人口變遷

人口與社會的關係是一種相互影響;一個人口的組合、大小與變遷率,都會影響社會,而社會也會影響人口結構。

自從第二次世界大戰以後,許多發展中國家的死亡率下降,主要是因為現代醫藥與公共衛生方法的增進與改善。因為死亡率的減少,世界人口的成長率,從一九四○年間的百分之一,增加到一九六○年間的百分之二。現在全球的人口數已近八十億。近半世紀來全球人口

成長快速，二十世紀初尚未及二十億人，二十世紀末已突破六十億人，估計二○四五年將逾九十億人。由於發展中地區之人口結構較已開發地區年輕，育齡婦女人數續增且生育率相對較高，聯合國推估未來全球人口之成長將主要來自發展中地區，人口結構不但是影響人口成長之重要因素，也將衝擊社會勞動力、潛在負擔、消費能力以及生活方式等層面。

　人口年齡結構除了影響人口成長速度外，亦衝擊整體經濟發展。面對人口的變化，社會學家提出以下的理論：

一、馬爾薩斯理論

　人口學研究者馬爾薩斯（T. R. Malthus）認為：人類的生育能力與食物的生產能力，有一種恆常的不均衡關係，因為人口的成長是依循著幾何級數的速度，而食物的成長是算術級數的速度變動，因而人口增加超過食物供給。當食物嚴重不足時，飢荒、瘟疫與戰爭等災難即可能發生，而增加死亡率以減少人口，是屬於積極抑制（positive check）。由於食物供給的限制，乃成為人口成長的絕對極限。因此，世界的大部分地區，除非能突破生產技術或抑制大量人口生產，否則，龐大的壓力人口可能帶來災禍。人類也可能逃過積極抑制的慘境，那就是社會要能夠對人口實施預防抑制（preventive check），如遲婚與節制生育。

　馬爾薩斯的人口理論是在十九世紀建立，當時大多數國家仍然是以農業為主，因此他未能有效預期生育控制方法的發展與被廣泛地接受，也未料到農業技術的革命性變遷，所造成的大量食物的生產。面對現今社會經濟的快速發展，這使得該理論幾乎失效。

二、人口轉移論

人口轉移論（demographic transition theory）強調：「社會現代化以前的人口，經由高死亡率與高生育率的均衡，形成一種穩定的成長數量。當他們開始經歷現代化的影響時，營養與健康標準的改善，減少了死亡，但生育率仍維持在高水準，因而引起人口的快速成長。後來，都市化與工業主義的發展，生育率因此開始下降，而再次與死亡率達成均衡。」本理論正說明人口成長與社會經濟發展及現代化的關係，及人口轉移帶來的問題。面對著人口變遷的情形，一個地區如果人口成長速度過快，勢將造成資源匱乏的窘境，如果成長速度過緩，亦將帶來整體社會新陳代謝的問題。這也是何以政府會重視人口計畫的主因，以企圖引導人口合理地成長。

 ## 第三節　人口現象

持續下滑的出生率與平均壽命延長，使國內人口少子老化更形加速，未來扶養負擔較歐美國家沉重，所衍生勞動力縮減及老人安養照護等相關問題，亟須籌謀因應之道。

一、人口品質

人口品質將影響社會整體的發展。人口品質係指人口單位的體質和心理的特質。亦即，全體人口認識和改造自然、社會及自身而使生產力發展的綜合能力。其內容包括人的身體素質、科學文化素質和思想道德素質三個方面。

　　身體素質是人口質量的自然條件和基礎，科學文化素質、思想道德素質又促進了身體素質的提高，三個部分是相互聯繫、相互影響的。這種特質有好有壞，有優有劣，凡是不增加團體負擔，或有助於社會文化之發展的都是好的、優的；反之，就是壞的、劣的。

　　一般而言，人口品質的好壞不但可以影響個人的生存，同時也可以影響社會、經濟、政治、軍事等的設施以及國家民族的前途。人口品質對社會和經濟的發展具有決定性意義，人口數量和質量之間的矛盾是人口問題的核心。在一定生產力水平下，過快的人口增長，過多的人口數量，會使人口質量下降，所以必須實行計劃生育，使人口適度成長，以保證人口質量不斷提高。

　　一九九六年聯合國科教文組織（UNESCO）所強調的：未來人類要能適應社會發展，需要進行四項基本的學習：學會認知、學會做事、學會與人共處、學會自我發展。邁向開發國家的主要挑戰，在於是不是能夠提高人力素質，國家競爭的動力，來自於人力素質的不斷提高；而人力素質的持續提高，則有賴於教育機會充分而永續的提供。

　　目前台灣於面對「高齡、少子」的人口趨勢，應對「勞動力結構」問題，如何讓未來的勞動人口，隨著新科技出現，都能夠符合未來勞動市場的需求。爲了讓勞動力充足，除了要穩住無法被新科技取代的人力，還要培育數位科技人才，因此，在教育中增加STEM（Science科學、Technology科技、Engineering工程、Math數學）能力及素養，讓數位科技專長的學生數增加，以因應未來趨勢。

二、人口數量

　　台灣生育率急速下降，以一九八〇年前每年的新生嬰兒數爲四十萬，一九九八年之後降爲三十萬，二〇〇八年之後便未及於二十萬。

政府一直鼓勵大家要多多結婚生子，幾年下來一直找不出好的政策來有效提高夫妻生產的意願，因此只能眼睜睜看著出生人口數一路往下降。根據「世界人口綜述」（World Population Review）網站公布一項二〇二〇年全球生育率排名，台灣以平均每名婦女僅生下1.06個孩子，敬陪末座，生育人口的急速下滑，是造成人口老化的最重要因素，而老化的社會未來會引發相當嚴重的社會問題。人口若呈現出倒金字塔型的分布，賺錢繳稅的人少了，享用資源的老年人口卻較多，財政負擔便會相當沉重，社會福利制度更難以運作。台灣人口結構迅速改變，從個人、企業、社會到國家公共政策，都將遭受空前衝擊，其影響的層面包括：

(一)人口危機的社會

由於台灣生育率下降，人口壽命延長，使老人愈來愈多。一九九三年年台灣人口結構中，六十五歲以上老人已超過百分之七，達到聯合國所界定的「高齡化社會」；二〇一八年超過百分之十四，達到「高齡社會」；預計二〇二五年達到百分之二十，達到「超高齡社會」。未來人口結構，老年人成長速度會一直增加，年輕人慢慢減少，而小孩子更少。人口金字塔底層已慢慢縮小，頂尖擴大，未來的形狀像倒金字塔狀。

(二)舉目無親的社會

依目前低生育率及人口變遷的趨勢，將來形成一個沒有兄弟姐妹、伯叔姑嫂的社會。依據內政部人口統計，在二〇二〇年台灣老人占總人口百分之十五，每四個年輕人要扶養一個老人，扶老比持續增長，年輕人面對上有高堂下有妻小，將非常辛苦，老人將成為年輕人無法承受的重擔。

(三)活力變遷的社會

台灣地區人口的中位數，二〇〇〇年為31.2歲，至二〇二〇年增長至42.8歲，反映出來的人口結構快速邁向中年化趨勢，社會性格極為年輕。但二十五年以後，社會上一半的活動人口將是高齡人口，社會自然會較成熟、穩重，但相對的也較無活力。

(四)勞力不足的社會

根據內政部統計資料顯示：台灣勞動參與率二〇〇〇年為百分之五十九，二〇二〇年亦保持在百分之五十九，低於新加坡的百分之六十七、韓國的百分之六十二、香港的百分之六十一及美國百分之六十二。同時，估計當我們社會進入「超高齡社會」後，青、壯年的勞動人口，將比現在更加減少。勞力不但量不足，且質也會改變。因為一般家庭子女數只有一至二個，接受教育的程度將大大提升。一九九〇年在美國出版的《二千年大趨勢》，一書中指出：未來新加入勞動市場的工作者，將是高教育而家庭富裕，他們忍受挫折的能力低，也不在乎有沒有一份工作養家活口，所以跳槽、改行的情形會更普遍。

(五)福利危機的社會

世界銀行在一九九四年《避免高齡化危機》報告中指出：「高齡化使世界上所有國家的社會安全制度都面臨危機。」日本在一九九六年通過立法，將原本六十歲就能領老人年金的規定，延長到六十五歲。瑞典應對不斷增加的高齡人口數，一九九四年決定縮減對老人的補助，「如果不阻止債款增加，留給後代子孫的將只剩下債務而已」。人口結構的改變，也吞食原本運作良好的社會福利制度。

　　一九五三年，台灣在社會發展的思惟下鼓勵多多生育，造成人口數暴增，一九六四年全面推行家庭計畫「兩個孩子恰恰好，一個孩子不嫌少」成為人口政策的軸心，家庭計畫也改變了控制人口急速成長的主張，原因是：孩子出生率降低，而台灣人口成長在銳減。事實上，這個現象已在一九八四年就出現了，卻帶來相當廣泛而深遠的影響。一九九五年後，發覺人口下降，雖提倡「兩個孩子恰恰好，三個孩子不嫌多」，但幼年人口增加有限。二〇二〇年我國出現「生死交叉」：死亡人數首度超越新生兒數，正式進入人口負成長。少子女化是社會必須嚴肅面對的課題，也是非常嚴酷的挑戰。

　　由於人口變遷與社會發展息息相關，是以為了促進國人的人口品質及健康，針對人口議題所訂定的社會政策如**表5-3**所示。

表5-3　人口議題所訂定的社會政策簡表

類別	內涵
鼓勵適當生育，達成人口合理成長	為防止人口結構嚴重老化，應促使生育率回升到替換水準；除了繼續加強宣導「兩個孩子恰恰好」之措施、倡導適婚年齡結婚和防止離婚率上升以提高有偶生育率，期能維持未來台灣地區人口之合理成長。
加強老人福利，健全老人安養體系	隨著老年人口的快速增加，為有效防範未來老人問題，應加強辦理老人福利措施。
注重優生保健工作，提高人口素質	其措施為透過婚前健康檢查、遺傳諮詢、產前遺傳診斷、婦幼保健指導及新生兒篩檢等方法，期能杜絕先天性缺陷兒或惡性遺傳素質的綿延發生。
實施區域計畫，促使人口均衡發展	由於鄉村人口大量移入都市；為緩和都市人口過分成長，並促進人口與產業活動合理分布，應加強基層建設、開發新市鎮以及分散各項重大經濟建設，期使人口均衡分布，並促使人口都市化現象趨於緩慢。
提升中高齡勞動參與率，維持發展	政府二〇二一年起推動中高齡就業獎勵措施，希望提升中高齡勞參率，讓退休人口回流，某種程度可以解決就業人口短缺問題。

資料來源：作者整理。

　　在積極落實上述人口政策下，以期能使人口成爲社會發展中的助力。人口與社會現象有密切關聯，因此人口研究不僅成爲觀察社會的重要指標，也成社會政策研擬時一個重要的考量因素，正如同社會學家在描述社會現象時，須經由人口的數目、轉微、分布加以呈現，社會政策在訂定時尤其須考慮人口的現況和變遷，方能達到政策的周延規劃和有效推動。

 第四節　高齡社會

　　台灣於二〇一八年已達「高齡社會」，其中失能及認知症長者人數也近百萬；並將在二〇二五年達到「超高齡社會」，即百分之二十人口超過六十五歲。公共衛生、醫療科技的進步及推行，導致壽命不斷延長，加以少子女化，高齡人口比率上升快速，高齡趨勢所導引的健康促進、安養照護議題，深受矚目。在我國社會已逐步邁向「少子化」及「高齡化」的時刻，社會安全體系的建構，成爲多數民眾對政府的共同期待。誠然，不論是從當前的經驗或是未來的推估，都已指陳出來台灣的人口結構已經加速地少子化及老化；連帶地，相與因應而來的扶養、奉養與療養等的人身負擔，就不單單只是高齡人口比率增加多少的量化意義，而是要更進一步地思索眼前以及未來各種服務措施的運作限制與可能選擇。

　　哈佛大學的研究發現，健康快樂最重要的因子是有良好的社會互動與支持。然而台灣與其他高度老化社會的共同現象是「孤獨」，由於少子化及都市高度流動，「獨居」成爲普遍現象，孤獨對個人身心健康傷害極大。英國面對近千萬孤獨者，特別設立孤獨大臣，以因應孤獨者的困境。

　　現代社會的建構必須根植於下述兩項基本精神：第一，是免於匱

乏的精神。社會安全起源於人類互助的概念，其出發點在尋求免於匱乏，使人人可得到生活上的基本滿足，並具備公允的社會競爭規則，以實踐自我。第二，是自助人助的精神。建立社會安全體系的目的，是經由團體的力量以協助個體，使其得到自立自強的結果。是以社會安全的運作應本諸「取之於社會，用之於社會」，方能使整個體系穩健、良性的運作。

現代國家無不積極以提高國民生活水準，促進國民生活幸福為主要目的，一般學者將之稱為「福利國家」。並認為透過社會福利制度的實施，不僅能解決人類所面臨的貧、愚、懶、髒、病等問題，同時也能有效達到社會安全、增進福祉的功能。因此，今天各先進國家均以福利政策為施政重心，更在憲法中規定福利綱目，用以保障民眾的權益。而政府的角色亦由「權力國家」的觀念，轉為「福利國家」。就此，政府不僅應保障老人經濟安全、醫療保健、住所、就業、社會參與、持續性照顧等權益，更重要的是所有的服務要能維持個人的自立、增進社會參與、促進自我實現、獲得公平對待和維護尊嚴，以達現代社會所揭示的社會福利的目標。本諸此些精神，當面對高齡社會來臨，為期待能讓老人過著有尊嚴、自主和選擇的「在地老化」，長期照護的作為，將朝向：

1.發展多層級的照顧模式。
2.奠基於公民權利的理念。
3.建立明確的政策為指南。
4.設計一套照顧服務標準。
5.統整社區資源發揮效能。
6.建構資源網絡擴大服務。
7.引進社區照顧管理機制。
8.擴大照顧人力資源體系。

並推展至各社區，善盡社會責任，成為迎接高齡社會中，長者得以安身立命，民眾得以安居樂業的體現，以達成「老有所養」的社區，「老有所安」的社會。

高齡社會，個人至少要面對五項挑戰：老身、老本、老居、老友及老伴等五老。今日長壽不難，但要活得健康快樂、活躍老化則不容易。不能僅靠社會保障，社區成為生活共同體，「長照服務」融入親老、尊老、無礙、安全、舒適、友善等元素，積極攜手合作，共同應對，相互借鑑，彼此扶持，以期能持穩以對，以迎接美好、和諧的社會生活。

隨著高齡化現象日益明顯，社會大眾普遍有建立一個「長者安居樂齡的生活」的期待。高齡社會所帶來的衝擊，「不是」只有今日，也非僅止於台灣，是「人不分老少，地不分南北」。不單是現在高齡者期待的安身立命，未來青壯年希望的安居樂業，無論是台灣、大陸、世界，皆將躬逢其盛。推展「長照服務體系」是把握理論與實踐的相互關係，既能系統地梳理安養照護的脈絡和現實環境，也能深入地認識社區健康促進的各種理念、理論、價值觀、實務模式和方法技巧等。同時，落實我們社會迎向高齡社會服務長者及桑梓的宗旨。

6

文化薰陶與社會規範

　　文化這名詞，在英文中是 culture，係源於拉丁語 cultura，是敬神和耕作的意思，衍生出培養、練習、留心或注意的涵義。《易經》上所記述「觀乎人文，以化成天下」的所謂「人文化成」，它包括詩、書、禮、樂等文化典籍，和禮儀風俗在內的社會生活各方面因素融凝匯合而成，相互透過學習促使人類思想與行為的精華來達到完美。

 # 第一節　文化的界說

　　《美國傳統詞典》中對於文化的定義是：「人類文化是透過社會傳導的行為方式、藝術、信仰、風俗以及人類工作和思想的所有其他產物的整體。」羅馬的名言「智慧文化即哲學」一語，意指：文化的內容是用以改造、完善人的內心世界，使人具有理想素質及培養、教育、發展、尊重的意義，表示人們的生活和活動達到一定的發展水準。另外，人們對文化概念，也同時是指人對自然有目的的影響和改造；從人自身塑造而言，是指人對自身精神、肉體和心靈的培育，人類為了提升自己的本性而增進的知識。

　　依據英國學者泰勒（E. B. Tylor）的定義，文化乃是「一種複雜的整體，包括知識、信仰、藝術、道德、法律、風俗及作為社會一分子所獲得的任何其他能力。」龍冠海認為：「文化是人類生活方式的總體，包括人所創造的一切物質的和非物質的東西。從個別社會的立場來講，一個社會的文化是該社會所建立的，由一代傳到下一代的，生活方法之總體。」歸結而言：「文化是社會所創造的，也是人和社會生活一切的總和。」

　　人們將文化定義為社會發展的產物，是為人們所創造出來的物質成果和精神成果的總和。這樣，文化便與自然物分離開來，成為人類社會特有的東西。就上述定義，則可看出文化的意涵包括（如**表6-1**）：

表6-1　文化的意涵簡表

類別	內涵
社會意識	文化是對社會存在的反應,是處在一定社會相互關係中的人們製作、創造和直接生產的。
生活集合	文化包括規範的、藝術的、認知的、器用的各方面,不論是有形的、無形的。每一個時代的精神生活,構成該時代的精神文化的內容。
活動成果	文化是人類活動成果,同時是人類精神、財富生產、分配和消費過程。
創造環境	文化是社會成員經由代代學習傳承,所共享的信仰、思想、習慣、器物的系統。文化的核心是知識,為人類認識世界改造世界的主要依據。
生活方式	人類的生活方式,人類社會由野蠻至文明,其努力所得成績,表現於各方面者,為科學、藝術、宗教、法律、風俗、習慣等,皆是文化水準的具體體現。

資料來源:作者整理。

　　文化的構成是多元要素,英國文化研究學者史都瑞(J. Storey)指出:文化包含非常複雜的因素;它包含了一般文化的一切複雜的基本特徵,也隱含著它自身的特有特質;所以,它包括了可見的和不可見的、隱蔽的和顯現的、現實的和可能的、出席的和缺席的各種其他的因素。各個組成因素也是非常活躍和非常變動的。流行文化在根本上是動態的,同時它又是跨領域和跨學科的,是由多重成分交錯組成的。依據社會學的觀點為:

一、符號(symbols)

　　符號是由人類意志所設定而能引起一致的社會反應的任何記號。符號的意義是任意的,這意味著它不是本來就存在於聲音、物體、事件等之中,而是因為要使用它與溝通的人經過共同學習和一致同意而產生的結果。符號是一種象徵或指定成俗的記號,其內涵如社會學家

的分析：

1. 克魯伯（A. L. Kroeber）和帕深思（T. Parsons）指出，文化是社會的人所創造、貯存，並用以組織事務的符號體系。文化的真髓在於無形的意義世界，一旦它離開人們所賦予的意義，一切人際交往及人所創造出來的事件，將變得毫無意義。
2. 朗格（S. K. Langer）指出，符號不是事物的代表，而是傳遞人們對於事物所產生觀念的媒介。人類之所以超越禽獸，在於人類可以創造並運用符號，而禽獸只能對符號作出反應。
3. 沙林斯（M. D. Sahlins）認為人類不同於其他物種之處，在於人類能使用符號來表示多種物體和事件，而人類的行為是依照自己所設計圖示來進行的。

二、語言（language）

社會的實質是在於意義世界，而語言是貯藏、賦予、領略和溝通意義的符號系統，語言對文化的發展、精煉和傳遞有極大的重要性。語言體系的界限，往往就是文化體系的界限，要瞭解文化，必先掌握語言。

孔伯士（John Gumperz）所謂的語言社區，係指經常或頻繁地交往的人群，共同一套與其他人群有明顯分別的語言。從某一角度來看，社區語言和群體是同一界線的，因為群體的界線基本上是以人際交往的密度來劃分，而交往須仰賴語言。

三、價值（value）

1. 價值係指人所共有的一段概念，亦即對事物之好壞、對錯，及可欲或不可欲的評估。價值與選擇分不開，每逢要作出選擇的

時候，就必然牽涉到價值問題。

2. 價值提供了概化的行為標準，這些標準在社會規範中，以更特殊、更具體的形式表現出來。由於價值概化的本質，使人們具有相同價值，也可能對於使用這些價值具體化的某些特殊規範有不同的意見，因此即使交往互動的雙方，擁有一致的價值或評估行為，而對可欲性的標準，也會相對具體化，但其落實價值或評估行為，則會有不同的認知與衝突。

3. 價值是行為的一種抽象且概念化的原則，並提出了判斷特殊行為和目標的標準。價值影響行動的目的和手段二者之選擇，同時它們也作為評估事物或行動的標準。從社會的層次來看，價值有時指事物的可欲性，有時指那些作為衡量事物可欲性的標準性。

4. 在個人心目中，各種事物有不同的價值，這些價值按高低排列成一序列，即是個人的價值觀。從社會的觀點，也可將不同事物依其價值的大小排列成一序列，即是社會的價值觀。社會價值是社會意願的表現，但各種社會的實際情況不同，因此，所發展出來的價值序列亦異。

5. 價值影響人們如何選擇對象和抉擇行為，所以，價值的研究包括了態度、行為、互動和社會結構的研究。

四、規範（norm）

1. 由兩人或更多人的共享期望，而對所界定有關什麼是社會所接受行為的標準或規則。社會規範對某些特殊情境中適用的行為提供了各種導引。很多社會學家將社會、社會制度、社會角色、道德體系等，視為是以行為的共享期望為基礎的規範結構。

2.由規範體系言之，規範是行為的準則，主要包括習俗、道德、
法律、宗教。當社會分化，規範亦隨之分化。社會的規範基本
上是透過地位和角色體現出來的。

 ## 第二節　文化的功能

　　文化的主要功能是調節與自然、個人和社會的關係。文化被看作
是人的社會活動，是人類特有的生活方式。也就是說，文化是為個體
參與社會，與他人互動的依據。因此人參與社會時會表現一種「文化
心向」的特徵，所謂「文化心向」（cultural set）是指在某一社會文化
環境中長大的人，在生活習慣、言行態度及價值觀等方面傾向於接受
本土文化。

　　社會本身是文化的直接表現和具體作為，文化對社會結構供給材
料與藍圖。如同德國社會學家齊美爾（G. Simmel）指出：透過文化，
社會個別成員，可以實現個人與社會整體的適應過程，從而實現其個
性的社會化；而社會整體結構的運作，也可以借助於文化作為橋樑或
催化劑，將個人整合到社會去。文化存在的方式和發揮作用的領域是
文明。社會歷史過程要在物質因素和精神因素、人同自然、人同社會
的相互聯結、相互作用的統一之中才能達成，因而文化成為社會職能
體系。

　　文化是社會歷史進步實質的表現，顯示社會和個人之間的密切程
度。文化的運作，影響著人的個性的全面發展。換言之，文化是人類
團體中普遍存在的人為現象，是人類為了求生存，以生物的和地理的
因素為根據，在團體生活和心理互動的過程中創造出來的人為環境和
生活道理及方式。

　　文化被創造之後，由於人類心理傳授的作用，它有繼續存在、繼續增加，因而在時間、空間及內容上有其差異的傾向。現實中的文化是極其複雜、靈活、充滿生命力，具有相當大自律性和自我參照性質，並不斷發生變化的一種社會文化現象。而且，它還作為一種特殊的人造精神創造物和文化產品，具有與精神生活、社會文化生活緊密相關的性質和複雜的表現形式，它永遠脫離不了社會文化生活，也自然地脫離不了人的創造活動。歸結而言，文化具備了「普遍性」、「繼續性」、「累積性」、「複雜性」、「變異性」及「強制性」等特性，以維繫並指引人類的生活。

　　文化在這裡不是指人類行為及其成果，而是指人類所「學習」的事，即衍生出行為的思想體系。文化影響人們的價值標準、範例和準則而使行為方式標準化的能力，成為人的第二天性。文化是一種特殊的客觀現實，在社會中，文化價值可以透過教育被有目的地吸收。文化是無機的物質世界和生命世界的精神價值，共同形成的「超機物」。

　　英國社會學家史賓塞（H. Spencer）指出：文化是社會關係的一種活動；人的天性促使人在社會生活中追求的形式（appearance），而且，透過生活的調適和不斷變化，各個階級和階層的人相互之間，實現了相互模擬和區分化。文化能普存於人類社會，是因為其提供了如**表6-2**的功能：

表6-2　文化的功能簡表

類別	內涵
社會區別的標誌	文化是一個族群的特有生活方式，因此更易作為辨別各民族的準據，比地域與政治的疆界及所謂民族特徵更易於判別。
社會價值系統化	文化是整合社群價值經驗、規範、意念、態度的集合體，因此可以經由文化以發現社會與個人生活的意義和目的。
社會團結的基礎	文化對社會團結供給一個最重要的基礎：激起同一群族產生共同的認同意識和態度。

（續）表6-2　文化的功能簡表

類別	內涵
社會結構的藍圖	文化使社會成員能依據它的軌跡行事、互動，使個人參與社會不必重新學習和發明做事的方法，並且促使個人與團體所有的行為變成為和諧的。
模塑社會的人格	文化在建立和模塑社會人格方面產生了主導的力量，使社會運作井然有序，社會成員能契合團體的意念而形成共同的集體意志和行為。

資料來源：作者整理。

　　文化除了如上述所言的正向功能外，亦有其負向功能，如同衝突論者所言：在階級社會中，存在著統治階級和被統治階級兩種文化，對抗是文化互動的型態。由於存在對立的文化，因而會形成互相對立的價值體系，形成社會爭鬥現象。這就如社會存在著匱乏文化一般，所謂「匱乏文化」（culture poverty）指一個社會擁有此文化模式，其社會中的個人會表現出不歸屬感、見外、無根，甚至玩世不恭、嫉恨、仇世，故自慚形穢，進而覺得自己是被遺棄、不被愛、不被接受，甚至否定自己的能力，缺乏自尊心、自暴自棄，而成為迷亂的副文化。

 ## 第三節　文化的組成

　　人類文化是個整合的體系，也是人類存在和活動的方式。這種「文化整合」（cultural integration）係指文化各部分形成一致和相互關聯的整體之程度。文化多於其部分的總和，因為各部分相互交織成一個複雜的整體。林登（R. Linton）指出：「文化就像人格一樣，能完全地涵蓋相互衝突的要素和邏輯上的矛盾。」文化綜合人類的過去、現代和未來，為人類的活動建構一套行為標準。人們的活動離不開這個準據。文化不僅具有將精神活動成果堆壘地保存、積累和世代相傳

的特性，而且具有開創人類社會活動的特性。由於文化包括了知識、信仰、藝術、道德、法律、習慣等，其內容非常廣泛，因此對於文化要素的分析，有著不同的觀點。

以下分別就結構、性質、分布、文化表現及文化從屬的觀點，將文化組成的要素加以區分：

一、就結構的觀點

(一)文化特質

文化特質（culture trait）是組成文化的最小單元，好比生物的細胞。它可以是物質的或非物質的，例如紐扣、筷子；也可以是具體的或抽象的，如握手。每一文化特質都有它的背景，稱爲「文化基礎」（culture base）。這種基礎的建立有多個來源：

1.文化遺產（cultural heritage），這是指繼承前人歷代累積傳遞下來的一切東西。
2.發明（invention），即新文化特質的創造。
3.採借（borrowing），即借用別團體的文化。
4.變更（modification），是對前人所遺留的文化有改變的作用。

(二)文化結叢

文化結叢（culture complex）是將相關的文化特質聚合，而形成一種具體作爲的功能單元。例如：米結叢係指以米爲中心的一套活動，如耕田、播種、收獲、舂碾、煮飯、碗筷以及其他有關的東西。文化結叢有的就是社會制度，是一個社會裡一般人所遵循的行爲法則，與人的行爲是相關的，而形成各種社會行爲的模式。

(三)文化模式

文化模式（culture pattern）是由文化中各單元集合而成的一個文化全形。它提供一個文化的整體觀，在該文化裡居民共同形成一個完整的生活系統。不同的文化有不同文化模式，正如不同的個體有不同的人格全形或模式一樣。例如，中華民族的文化模式是農村經濟、家族主義、祖宗崇拜及人倫的注重，這些互相聯繫便造成中國文化的獨特方式。一個民族的文化模式與它的社會生活形態及其分子的人格模式有密切聯繫，故文化模式的探究對於這種現象的瞭解是不可以缺少的。

而不同文化的成員相互接觸時，往往會出現「文化震驚」（culture shock）的現象，這種文化震驚是指：當個人訪問或住在與其不同之社會，常經驗到的相當嚴重的心理上和社會上不適應，包含由於新習俗、不可知的期待、一種惹人注目、不同的、外人的感覺。文化震盪的程度，受文化差異程度及個人的特殊背景因素影響，個人所屬的社會文化愈單純，以往接觸其他文化的經驗愈少，則震盪程度愈大。

二、就性質的觀點

烏格朋（W. F. Ogburn）認為文化依照其所表現的性質可分為物質的和非物質的。所謂物質文化是指生活中具體的事物，如食物、屋舍、衣飾之類；非物質文化如信仰、語言、思維等。此兩者是互相關聯並且互相影響的。這兩種文化是個人生活的憑藉，也是團體生活的主要基礎，兩者彼此之間的失調則是導致社會問題的來源。

三、就分布的觀點

(一)文化區（culture district）

　　是一個較大的社區內的一部分，其生活狀態有些地方與其他部分相同，但有些地方則與其他部分有顯明的差異，最顯明的例子是，都市中由於自然團結所造成的各種市區，例如貧民區、富人區、工業區、商業區、娛樂區等，這些都可稱爲文化區。

(二)文化區域（culture area）

　　文化模式所占有的整個地區，這樣的地區不但有相同的文化，而且與別的地區是區隔的。由於地理環境和歷史背景的影響，使得不同族群有自己的特殊傳統和生活方式，與任何其他部落的對照，都有許多很明顯的區別。

(三)文化領域（culture region）

　　一個比較大的文化區域，以描寫現代國家的文化，在地理上的分布情形。例如中國、日本及印度的文化各有其特點，各個都可視爲一個文化區域或領域。

(四)文化中心（culture center）

　　是一個文化的集中地、發軔處，其對團體有一種控制力量，不但在此中心生活的成員在行爲上受其約束，在此中心以外的人，無論遠近，均或多或少受其文化傳播之影響。

(五)文化邊際（culture margin）

一種文化型態從文化中心傳播到邊區，而與外來文化混合起來的地區。一般而言，在中心的文化模式多半較為純粹，在邊際地區的人，則因兼受多種不同文化的交相影響，其行為模式往往異於中心。

四、就文化表現的觀點

(一)民俗

民俗是一個族群中所流傳比較標準化的習慣行為或活動方法。它是一個地方的習慣與傳統，例如，見人握手為禮、入屋脫帽等。民族所形成的文化主題（cultural theme）深切影響人際行為，文化主題係指文化中的主要價值模式，這些模式提供了重要的基本假設，以作為信仰體系和行為標準的依據。奧普勒（M. E. Opler）定義為：「在社會裡被默認或被公開提倡的、明示的或隱指的、常能控制行為並激起行動的主張或看法。」

(二)風俗

風俗是「一個國家或社會團體的分子所共有的行為方法，或至少在他們當中流行很廣，經過長久時間的流傳與運用而被視為當然的，而平常實行時也不須有任何考慮。」風俗可說是民俗的一種，是民俗當中流傳比較久遠而約制性也比較大的；例如我國人過年時大家互相拜年，西洋人過聖誕節時彼此互送禮物。

(三)民德

凡是含有社會福利之觀念的民俗都是民德。民德所包括的大部分都是禁忌，指明哪些行為不該有。換言之，凡是違反民德的行為都是不許可的。因此，民德與民俗或風俗之區別，一方面是它含有社會福利的觀念，另一面是它有更大的強制力。

(四)法律

就現代社會而言，因流動性高，講求個體性及隱私性等特質，使得既有的民俗、風俗、民德已難於成為社區民眾的行為規範，社會運作則端賴法律的規約。法律是指具備一定形式經由立法機關通過的法條，用以制約人們的行為。

五、就文化淀屬的觀點

(一)主體文化（dominated culture）

又稱優勢文化，亦有稱為文化霸權（hegemony）。此觀念是義大利左翼思想家葛蘭西（A. Gramsci）所創，是指支配社會的階級，以其意識型態來控制社會大眾，但若不刻意強調上層結構與生產關係的觀念，人類學家發現任何社會都有主導社會的文化體系，其所包含的價值、規範、行為模式成為社會互動的標準，這可視為主體文化。

(二)對立文化（counter culture）

是次文化的一種，它在規範、態度和價值上，與優勢文化相互衝突或相反。絕對對立到沒有對立之間，是一個漸次遞減的程序。在對

立的過程中往往容易產生文化衝突（culture conflict）的現象，亦即個人（或團體）在兩個文化間的心理衝突，而兩種文化均有部分可為接受的及某些矛盾的標準和敵對的忠誠。

(三)次級文化（subculture）

1. 指一個社會團體，它的成員在觀點和生活型態上，顯然不同於優勢團體，並自以為與眾不同。次文化的成員共有一套規範、態度和價值。次文化指社會中每個團體各自所發展出不同的民俗和民德，因共同的活動、年齡、職業、性別、居住地，或其他嗜好而組成的團體，往往會發展出異於其他團體與社會傳統的行為模式。

2. 現代社會複雜多端，不同生活面的人群會孕育特異的次文化，即足以成為主要生活面的領域，都會形成次文化，而不同階層的人，就各自有不同的次文化。

3. 次級文化是可重疊的，現代社會的人，都處於無數個次文化的交疊之處，而且每個人所處的位置都不同，交疊愈多，次文化的範圍愈小，更具特色。

4. 邊際人或邊緣人（marginal man）因參與兩個不同的文化團體或廁身於不同文化體系夾縫，而產生左右為難或心理衝突狀態的人。邊際人並不完全獻身於其中之一文化價值和標準，也不為其中任一所認同的團體完全接受。邊緣人一般都有雙重性格、充滿迷惑、混亂與懷疑，而有較多的反省，故為創造的泉源，也是促成模仿及遵從的動力及促進文化變異的主要代理人。許多人在某些方面是邊際性的，社會學家的興趣，基本上在探究其邊際特質，揭示他們與其所接觸的人如何應付所面的地位矛盾。

 第四節　文化的影響

　　文化的範圍很廣，廣義而言，文化就是人類生活的全部。包括我們日常生活有關食、衣、住、行、育、樂等各式各樣表現出來的東西；生活的態度、人際關係與消費中的素養與品味，進而到人們知識生活（知）、倫理生活（意）、休閒生活（情）；甚至人生的理想與信仰、生命奉獻的理由、實現生活的意義等，都是文化，足見文化對人類生活的影響既廣泛又深遠。

一、文化對人類生活的影響

　　以下茲就食、衣、住、行等部分，說明文化對人類生活的影響。

(一)飲食文化

　　古語云：「民以食為天」，或俗諺所謂：「吃飯皇帝大」，皆指出「吃」在人們日常生活中占有極重要的地位。世界上每一個民族，無論是原始或文明，無不把飲食當作生活中首要的事來處理，只是各民族有其不同處理飲食的方法與態度，這其中便蘊藏著濃厚的文化意涵。例如：我們中國人自古以來即強調「藥膳食補」的觀念，總是把自己的身體比喻成一個小宇宙，這個小宇宙就像大宇宙一樣，要維持陰陽調和，才能永保健康；因此，常將奇禽異獸視為進補良品，而與現代的環保觀念多所抵觸。而印度人不食牛肉，回教徒不啖豬肉，則是受宗教文化的薰陶所影響；可見人們的飲食習慣與文化的關聯性。

(二)衣飾文化

我國又一向自稱爲「衣冠文物之邦」，因此，中國數千年來的服飾制度，不但顯示物質的文明，尤其具有崇高神聖的精神文明，充分代表悠久而質美的歷史文化。中國政治自古即崇尚「以禮治國」，服飾制度的實施，一則可以應用到各項祭祀以及公私生活方面，藉以輔助德化教育；一則藉由不同等級的衣冠，獎酬和表彰對國家社會有功績之人，用心辨別貴賤尊卑。這種思想制度和現代的法治思想及制度，在功能上是殊途而同歸。所以我國傳統的服飾制度，不只有其外在的優美形態，更具有內在的崇高思想，舉凡一衣一物，都各有其象徵，也均被賦予相當的意義和生命。衣飾是人類的一種生活需要，隨著生活的進步，於需要之外，要求安樂舒適，進而於適體之外，更要求雅觀，甚而以衣飾作爲身分等級的區別，所以衣飾不僅是生活亦是文化。

(三)住的文化

人類居住的方式和房屋的建築結構，主要受到生活方式、地理環境的影響外，與該民族的文化精神息息相關。人類居住的方式，包括房屋的建築與聚落的配置等，不僅表現其社會群體關係，也是個人地位聲望的象徵，更是一個民族文化精神所在。換言之，將房屋或整個村落視爲一個小宇宙，處處象徵宇宙間各種事務的關聯。宇宙的兩元對立，「陰—陽」、「天—地」、「上—下」、「乾—坤」、「左—右」等觀念，透過對立因素的矛盾與和諧，形成風水與堪輿之術，而風水與堪輿正是我國房屋建築以至城市設計的重要文化原則。最原型的風水觀念企圖按理想的宇宙模型塑造居住空間，並藉以規範生活空間的禁忌，衍生出天圓地方、陰陽調和以及左青龍右白虎等觀念，作

為解釋空間的象徵體系。原型的風水經過不斷演變,加入五行之說,配合五方、五色、五音等因素,以及干支等時間觀念,遂使風水成為居住設計的主要哲學。

自古以來我國重視倫理道德,注重家庭內人與人關係的規範。我們所居住的房屋,不論是在什麼環境下,主要的目的是要促進同一屋簷下的人互相之間的秩序與和諧。因此,我們最典型的傳統住屋,是所謂的「三合院」的房舍。三合院內的每個組成單位居住的房間均是面對院子,並有共同祭祀祖先與神明的廳堂。這種設計,使房內各成員每天離開房間即有相互接觸的機會,進而融合感情;因在共同廳堂談論家庭事務,共同進行祭祀及宗教儀式,而產生共同體的精神。這種居住方式對整體家族整合與傳統家庭倫理的維繫,甚至人們日常行為的規範,影響至深。其實,不同族群各自房屋表徵意義不同,也就是每一民族各有其住的文化。

(四)行的文化

「行」的範圍包括交通的實質空間以及衍生的社群關係,其對象所涉及的主體為:物質層面的「交通環境」,以及非物質層面的「倫理文化」。在汽車工業普及之後,交通秩序呈現著「唯我獨尊」的特質,除了駕駛者本身之外,其餘於街道的人皆為其競爭的對手,爭先恐後、橫衝直撞屢見不鮮,肇事後甚而破口大罵或大打出手的例子亦不在少數。此即我們只習得汽車工業的製造技術,運用其發展的便利產品,卻未能配合建立行的倫理觀念與修養。也就是說,在物質層面上,呈現的是一個以車為主體考量,並不適宜人生活的交通環境;反映在群己倫理上,顯現的則是一個普遍缺乏行的修養與公德心的社會。而欲成就一個良善、健全「行的文化」,除了建構以人為主體的交通環境外,仍宜著重在交通倫理的建立。從學校教育持續推廣行的倫理觀念,並藉由社區居民改善其行的環境經驗中,身體力行,並將

行的倫理觀念深植於民眾心中，達成認知並從環境去實踐體驗，方能真正落實對人的尊重，建立正確行的群己倫理。

　　文化乃是一群具有相同生活模式的人所共享的一套價值、規範和生活型態。動物行為都屬於遺傳或本能，而人類大多數的行為則來自於社會學習。文化在其過程所發生的影響，就如同動物所承受遺傳的作用一般。文化是藉由社會化的過程一代傳遞一代，以指導人們的思維與行為。文化促使社會成員克服自然，並藉以獲得生存所需的依憑，影響人們於衣、食、住、行所運用的科技和倫理。是以，為期達到社會素質的提高，不僅有待物質科技的進步，更賴文化的全面提升。

二、文化對人類社會生活的影響

　　文化與人類生活關係密切，就社會學的角度分析則可發現文化對於人類社會生活的影響包括三個部分：(1)文化對個人的影響；(2)文化對社會的影響；(3)文化與社會改造的關係。

(一)文化對個人的影響

　　個人的生活無一不受文化的影響。衣、食、住、行以及日常生活，幾乎沒有一件事不為文化所控制。社會早為個人規定了許多行為標準。個人衣服的形式，依照社會上流行的樣式；衣服的材料，採取社會上共同取用的質料；穿衣的方法，更衣的季節，都是依據社會的習慣。除了社會對於衣著有相當規定外，食物亦是如此；食物的種類、烹調食物的方法、飲食所用的器具與方法，都是依據社會上通行的慣例。待人接物的方法、婚嫁喪葬的禮節，都是依照社會上通行的慣例。一個人所用的語言、文字，以及與人互動、溝通、聯繫時的方式，發表意見時的程序習慣，與他人共同做事的態度、動作，無一不

受社會上現成規定的方式左右。是以,一個人的生活,沒有一處可以與文化脫離關係。

(二)文化對社會的影響

社會之所以成為社會,不在其集合有機的生物個體,而在此種生物個體的人具有共同文化而表現共同行為。所以簡單地說,社會就存在於文化。不過僅有文化,亦不能成為社會;必定是具有文化的一群人,方成社會。社會既然是文化的產物,換言之,一個社會除了生物單位的個人外,必須要有文化。所以社會變遷,除了是人口性的生物變動外,只有文化變遷。試想:我們所知道的社會變遷,除人口外,還有哪幾方面不屬於文化的範圍?因為社會的物質設施,如衣服、食物、房屋、陳設、用具、機器、運輸的工具、製造貨物等的內容與形式,較容易隨科技文明而產生變遷,連帶的會使精神文化也對應改變。

我們知道,社會文化的變遷,有起於新科技的發明,有起於新文化的輸入,或源於相互間的接觸與傳播,亦由於文化累積達到成熟的結果,或來自有意的引進輸入的結果,其皆不脫離文化的影響。

(三)文化與社會改造的關係

個人的生活完全受文化的支配;社會的維持與變遷,完全憑恃文化為樞紐。如此,使得文化與人類社會有相當密切的關係,可以推想而知。社會生活既完全受文化的支配,因此當欲改造社會時,即是在改造文化。

欲改造社會者,必須從社會的根本要素──文化──著手。從物質文化方面,改造社會的物質生活。從非物質文化方面,改造社會的精神生活。物質方面的改造,就在改造食、衣、住、行以及日常生活

等的內容與形式，以及發展此種改造的知識。非物質方面的改造，就在改造風俗、制度，以及發展此種改造的知識。能從物質方面與非物質方面，雙方施行改造的工作，隨著文化改造，人心亦可改造，其他經濟、政治、教育、法律等的狀況亦同時改造，而社會即達成改造的境界。

第五節　文化的差異

　　文化雖普存於人類的社會，但因每個社群的組構不同，因此也出現了不同的文化形式。文化不但具有多樣性，而且還具有人類的同一性。一切文化是統一歷史過程的一個環節或部分。各個文化區所形成的文化樣式，將隨著文化聯繫、傳播、交流和吸收，被納入日常生活的過程。每一種社會型態都有屬於自己的文化類型。

一、種族決定論

　　文化與種族有直接的關係。因此，一個種族常有某些特殊的文化特質，使該種族異於其他種族，法國戈皮納（C. A. Corbineau）認為只要種族純粹，其全體分子之思路根本上是相同的；血統混雜，觀念或思想亦必不同，易於衝突。歷史上只有白種人能創造高尚的文明，白種人最純粹的地方，如北歐有最高、最好的文明，文化完全是種族的產物。這種種族決定論的主張經過人類學家和心理學家的考察結果，認為是沒有事實的根據：

　　1.從智力的高低方面說，所有的智力測量或心理試驗並未能證明白人的智力比別的種族是居於優勢的。

　　2.從歷史方面來說，各種族的文化地位並非固定的，而是互有消

長的。

3.從文化本身來說，文化的發展是受多種因素的影響，其中最基本、最重要的，除了人的因素之外，尚有地理環境及歷史背景或文化基礎。

「種族中心主義」以自己團體為準則，而將其他民族劃入不同等級的一種觀念，極可能產生偏見，使文化僵化且引起衝突及造成社會孤立的情況。

二、地理決定論

英國的巴克爾（H. T. Buckle）及美國的杭丁頓（E. Huntington）認為文化和人類生活是由地理環境所決定，各地方人民風俗習慣信仰及制度等的差異，乃是由於地理環境之不同，甚至一個民族或國家文化的興衰，世界文明的變遷，都受地理因素的影響。

然而反對者認為事實並非完全如此，地理因素對於人類團體生活在許多地方無決定性的作用，因為地理環境對人類生活的主要作用是供給原料，並予人類活動的範圍和生活方式以某種規定或限制，並非完全決定的作用。

三、文化決定論

文化決定論者懷特（L. A. White）說：「任何民族的一切思想、感覺及行為都是由文化所決定的。」因此文化對於人的一切行為不僅是影響而已，並且還有決定性的作用。然而，就反對文化決定論者認為，影響人的行為和生活的因素有許多種，文化不過是其中之一而已，我們不能說人的一切思想行為都是由文化這個因素所決定的。因

為文化是人類團體生活的產物，不過等到它發展之後，它對人的影響也漸漸變大，它幫助人以改變人與自然環境以及人與人的關係，而成為人類生活中最重要和影響最大的一個因素，但我們並不能忽略其他如：地理的、生理的、心理的及團體的各種因素的功用。

由於每個族群均有其發展的背景、承繼的環境及歷史因素，因而文化與生活的差異在所難免。面對此景，我們宜採取文化相對論（cultural relativism）的態度對待不同的生活模式，亦即主張不應以自己文化的標準，去判斷生活於其他文化的人之態度和行為。衡量某一文化要素，應該按照它自己的標準，而不是按照某些假定，去適合所有文化的普遍標準。其強調文化特質的功能及其意義與其環境脈絡有關。一個文化特質本身沒有好壞，端視其運作的環境而定。

結　語

　　文化的基本表現在凝聚社群並形成生活的傳統。但文化並非凝固不變的東西，它有其形成、發展、演變過程。文化傳統在塑造人的同時，也被人引申和再創造，文化形態可分為知識、價值、思維、習俗等因素，它有封閉性、能動性、實踐性、改造性等性質，它使人們產生共同的思想、心理、語言、信仰、價值觀和行為規範，成為群體的一種巨大向心力。

　　總之，文化理論是研究人類文化的形態、價值、結構、功用及發生規律，立足於探索人與文化的關係。所以，文化研究具有多重涵意。從社會學方面說，文化是人類思想的表徵，借助於它，人可以適應自然、改造自然；從人類學方面說，文化是人類存在的方式，歸結為人在自然和社會中自由的發展；同時，文化運用符號體系，以傳承人類的智慧。值此，可深知文化在人類社會的意義及重要性。

Chapter
7

社會制度與性別平權

我國社會學者龍冠海教授說：「社會制度可以說是維繫團體生活與人類關係的法則。它是人類在團體生活中，為了滿足或適應某種基本需要所建立有系統、有組織並為眾所公認的社會行為模式。」

 第一節　社會制度

美國社會學者孫末楠（W. G. Sumner）說：「一種社會制度是一套由民俗與民德所交織成的社會行為，這套行為的社會規定，受民眾公認，並有定型的軌道與步驟，其中有成系統的觀念、概念及興趣，並且這套行為是放在一種結構（structure）中，此結構是一種裝置或盛器（apparatus）或一群人員（a group of functionaries）。藉此裝置或人員，行為被發動起來並繼續前進，以應社會的需要，或使有關人士得到滿足。」

社會制度就是社會行動所經由的途徑及所用的方式成了定型，不再隨時改變。有了不隨時改變的定型，人一旦要有行動，就可以不費周章的依照而行。依照而行可以節省甚多心力與時間。這些定型成為行動的憑藉。行動有憑藉，使人在生活上獲得便利，於是個人及社會的生活內涵豐富，素質提高。故社會制度使一個人們的生活豐富、品質提升並且能合乎人的欲望。其對個人、團體及文化皆有其不可取代的功能：

一、制度對於個人的功能

1.滿足個人的需要：個人在生存上有種種的需要，有了制度之後，他的這些需要才能有比較合理的和有規則的滿足，例如有了經濟制度，個人便可以從生產、消費、交易及分配的各種方

法中獲取日常生活的必需。

2.個人行為的嚮導：制度是社會所規定的行為法則，要是沒有這種法則，個人在社會中的一舉一動，都無成規可循，有了制度，個人的活動可以順利進行，如有了婚姻制度，男女就知道結合之道。

二、制度對於團體的功能

社會制度對於團體的一個主要功能就是維持秩序；不過這只能視為消極的作用，此外尚有積極的作用，即加強社會關係。這就是說，制度可以使人群由散漫的、無組織的，變成團結的和有組織的，或由不合作的變為合作的；如婚姻制度加強了夫妻的關係。

三、制度對文化的功能

這可分為消極的與積極的兩方面來說：在消極方面，社會制度的功用是把過去人所創造的東西保存起來並傳給下一代，前人的思想、信仰、風俗及生產工具的保存完全靠社會制度之功；在積極方面，社會制度的功能是鼓勵創造新的東西，以促進文化的進步。

 ## 第二節　家庭制度

社會結構的型態多元繁複，其中與個人關係最為密切的首推家庭。以家庭為例，當能更清楚地說明社會制度的意涵。

一、家庭的普遍性

　　一個人出生來到人間，大都在家庭中降臨，受家庭的扶養，在家庭中接受行為舉止的訓育，並最先在家庭中學習社會文化的價值及生存的技能。等到一定年齡之後，離開原來家庭，另覓伴侶，結婚生子，成立新家庭。等到年老體衰臨終，也在家人的陪伴下離開人世。死後仍然是透過家庭祭祀，加以追念傳承。因此家庭可謂上承億萬之祖宗，下接連億萬之後代。同時，家庭中的成員，透過面對面的感情交流，所形成的初級團體，是個人終其一生所不可或缺的團體。家庭對一個人的成長發展、幸福榮辱，也有相當大的影響力。家庭雖然因受各不同社會文化的影響，而出現不同的型態，據考證：在人類發展的歷史軌跡，要找出一個沒有家庭組織的社會幾乎是不可能的。是以，可以說家庭具有超越時空存續的普遍性特質。

二、家庭的功能

　　儘管家庭因其分類的差別而有不同的型態，其所以能長存於人類社會，是因為家庭提供了其他社會系統所無法達成的功能，這些功能如**表7-1**所示：

表7-1　家庭的功能簡表

項目	內涵
繁衍種族	夫妻孕育子女不僅使家庭得以延續，亦使社群得以展延，一個社會的成員如不能世代的繁衍下去，則一個社會將會遭遇到絕滅的命運。大多數的社會，對於此種種族延續的工作，都要求在家庭內進行，任何不經由合法的家庭所生育的孩子，通常不為社會所容許。亦即，合法的性關係，只允許在家庭內發生，唯有家庭才是社會所公認的孕育下一代的處所。

（續）表7-1　家庭的功能簡表

項目	內涵
性格形塑	家庭為子女養育、教育的主要場所。個人經由家庭學習生活技能、知識，價值、態度。同時，父母的生活方式，管教態度、言行舉止，為人處世等，子女長期受其薰陶，左右其後一生。
心靈慰藉	家庭中夫妻之間的情愛，親子之間的慈愛，長幼彼此的敬愛，產生家庭成員的連帶感情，個人在此種關懷的氣氛中成長，將會使感情的發展與情緒趨向於穩定。
生活供應	家庭為供應個人物質的最重要來源，家庭不僅是一個生產單位，也是消費單位。今日家庭成員，依賴薪資的收入，以供應日常經濟生活所需，家庭成員接受扶養，均深受家庭所擁有財產的影響。
社會技能	個人最初獲得的語言、習慣、藝能等生活的基本技能，乃至對文化的學習與調適，往往是以家庭為媒介，經由父母、兄長傳承而來。
問題防杜	家庭所扮演的功能是總合的、多樣性的，個人的許多問題，如果能夠在家庭內加以解決，則此項問題就不必延伸到社會，因此，家庭不出問題，社會的問題也較少，相對的，家庭不能加以解決的問題，有時社會需花費很大的成本加以解決。
地位取得	在開放的社會中，個人的社會地位可以透過個人的努力而取得，當中尤其是透過個人職業與學歷的獲取、財富的累積等方式，但通常我們第一個社會地位，係隨著出生家庭而取得。

資料來源：作者整理。

三、社會變遷中的家庭

　　社會結構並非一成不變，亦即社會結構會受到外界因素的影響而有所調整，然其最後能達成「均衡」的目標，方足以維係其原有的功能。家庭亦然，家庭的變遷一方面是受到家庭結構本身成員變化的影響；另方面，也受到家庭外面所處整體社會環境的衝擊，因此家庭與外部環境之間有密切的關聯，而現代家庭主要受到工業化、都市化、資訊化、國際化交織而成的一股強大力量的衝擊，逐漸產生變遷。產生以下的情況：

(一)家庭結構的變遷

家庭隨著社會結構的轉變，最大的特徵之一，便是家庭結構由傳統的大家庭制改為以父母和子女為主軸的核心家庭。

(二)權力結構的變遷

傳統家庭裡，向來以父權、夫權為主，女子的地位受到「重男輕女」的觀念影響，十分低落。所謂「三從四德」、「女子無才便是德」等教條，壓抑女子的獨立人格；且「男主外，女主內」的分工模式，更把女子向外發展的機會完全抹殺。

如今，在工業社會結構裡，由於土地不再是家庭經濟的唯一來源，而且受到經濟發展的影響。就業機會激增，許多年輕一輩因而棄農離鄉到都市中生活，不但能自食其力，甚至還可以接濟在鄉的父母，終使父權無所發揮，權威地位下降。女性地位方面，受到教育普及與社會風氣開放的影響，女性自我意識覺醒，自由、平等觀念亦漸被大眾接受。再則，女性就業情形普遍，經濟上不再完全依賴男性，提升了自立自主的能力，其地位相較於過去，當然不可同日而語。

(三)親子關係的改變

傳統家庭中，父母擁有很大的權威，子女的經濟既無法獨立，在選擇職業或婚姻對象上，更須聽從父母的安排，親子間的關係嚴肅、淡漠而形式化，子女對父母可說是敬畏有餘，親近不足。到了工業社會裡，由於核心家庭普遍，家裡通常只有父母和未婚的子女，彼此距離拉進很多，關係日益親密。加上社會風氣大開，平等觀念盛行。父母漸漸能接受子女亦是獨立個體，允許其有表達意志的自由，親子關係乃愈能有人情味，理性而重實質的親情交流。

134

(四)婚姻關係的改變

　　傳統與現代社會存在著若干差異，包括以下幾個特點（如**表7-2**）：

表7-2　婚姻關係的變遷簡表

類別	傳統社會	現代社會
婚配選擇	婚姻對象的選擇權操在父母手中。	婚姻對象的選擇，掌握在年輕人自己手上。
結婚目的	門當戶對的觀念濃厚，結婚的目的在於傳宗接代。	選擇對象的標準，主要在彼此個性上的吸引與投合，結婚的目的多基於情感性理由，而不僅是生物性的傳宗接代。
擇偶條件	婚姻不僅是個人的事，更涉及到整個家族共同利益，因為藉由聯婚，可以壯大家族勢力。	結婚雖仍涉及家族的聯合，但個人意願較受尊重。
婚配規範	上層階級可見一夫多妻的情形。	法律明文規定一夫一妻制，一夫多妻制的情形已不多見。

資料來源：作者整理。

(五)家庭功能的變遷

　　傳統家庭所具備的功能包括：生物性功能、感情性功能、經濟功能、保護功能。然而在社會結構變遷中，一些功能已逐漸減弱，或由其他機構取而代之。以生物性功能而言，在民德約束力較弱的工業社會裡，婚前或婚外性關係履見不鮮，家庭原來能提供性慾滿足的功能已不若已往重要。另外，由於婚姻結合，強調情感性理由，並且受優生觀念的影響，一般家庭的子女數日益減少，有些夫妻甚至不願生養子女，導致家庭的生殖功能亦受影響。至於社會化功能方面，現代社會普遍設立的教育機構與豐富多元的傳播媒體，使得原來負擔大部分兒童社會化功能的家庭角色有所變動。家庭原先所具有的保護功能，

亦因工業社會中職業分化的程度提高,社會福利機構、醫療單位、警察治安單位等的增加,而逐漸被取代。

(六)成員依賴的變遷

工業化的進展,使得大部分的受僱者,必須離開農村轉往都市,因此造成大量的農村人口往都市集中,受僱者以工作換取薪資,而薪資為生計的主要來源。而個人為著工作的需要,或出差或派遣或受訓或因職務調往他處,以及子女接受教育,必須經常在空間上移動,甚至夫妻因工作需要,必須異地分離,使家庭成員經常分散各地。

我國是一個以家庭為主體的社會,傳統以五倫為人際的規範,在五倫中:父子、夫婦、長幼等三種倫理,便屬於家庭,足見家庭與個人關係密切,亦可說明家庭為社會結構最基本的單元。現代家庭受工業化、都市化、資訊化的衝擊,不僅是家庭型態方面有重大的改變,在功能方面也有許多的變化。傳統家庭的諸多功能已漸次被取代,諸如:職業場所與家庭分開,教育在學校進行,宗教活動在寺廟進行,娛樂則由休閒場所所取代;家庭逐漸成為單純的日常消費生活的單位。就此,經由對家庭的深入探討與家庭功能的分析,正足以揭示社會結構的內涵及變動的趨向。

 ## 第三節　性別平權

近年來,女性主義正風起雲湧地席捲台灣社會,各種女性主義論點的言論如雨後春筍般出現,也出現了顛覆既有的男性主導的社會結構,使得我們不得不正視這個數千年來一直爭論不休的老問題。而現代社會,婦女獲得了受教育和參政的機會。表面上看來,較諸傳統社會,男女兩性似乎平等多了;但是事實上在法律、政治、經濟、文化

等各方面上，婦女仍無法受到完全公平的待遇，傳統「父權思想」仍宰制著社會裡所有的意識和制度。而投入就業市場的婦女，較諸傳統女性，更承受了家務和工作的雙重壓迫。這種整個社會兩性不平等的狀況，並不因為少數傑出女性的嶄露頭角可以掩飾過去。男女兩性在現今的社會中，一同受教育，一起工作，也共同參與社交活動，使兩性之間的關係比過去的社會來得密切。我們傳統文化對於男、女性的教導，因社會的轉型，實有商榷的必要。若一味地以傳統的價值觀教導學生或子女，並期望他們能適應現今的環境，必然會造成許多適應不良的問題。

一、女性主義的定義

「女性主義」（Feminism）是一種要求女性享有身為人類的完整權力，並且反抗所有造成女性無自主性、附屬性和屈居次要地位的權力結構、法律和習俗。「女性主義」是對父權主義下所造成兩性不平等的關係，以及不合理的價值觀，所提出的抵制與反抗。雖然女性主義的發展，在不同時期，因不同的派別而各有其重視的觀點，但基本上都脫離不開排斥「父權體制」（patriarchy）、「性別體系」（sex-gender system）以及「性別歧視」（sexism）三種。

(一)父權體制

它是一個常被用來指稱女性受壓迫的社會結構，它的形成是由以男性為中心所產生的權力關係為基礎。父權源自於被父親所支配的家庭體系，並經由這種以性別角色所廣泛的社會化，而形成出一種以男為主（尊），女為輔（卑）的價值模式。當然這種男尊女卑的「性別體系」不但為兩性階層化形成一個基本模式，也為男性擁有支配女性的權利，獲得一個合理說詞的基礎。

(二)性別體系

包括性別區隔、性別分工,以及隨文化與時間而有不同認定的性別相互因素。社會藉由這一套設計,將生物的「性」轉變爲人類活動的依據,並以此作爲社會活動的基礎。

(三)性別歧視

就是男性優於女性的一種社會關係。無論是男人或女人的行爲、政策、語言或行動等,都在表達一種被機制化、系統化或一致化的關點——女人是次等的。

無論是「父權體制」,或是「性別體系」,還是「性別歧視」,都是被運用來區隔兩性在社會、文化價值下產生的不同標準,得以合理的基礎。這也正是女性主義者所要對抗的基本原由。

二、當前社會的女性主義思潮

女性主義的研究者由於不同的觀點與策略,因而採取不同的理論分析架構。學者將女性主義性別研究的理論架構分爲五個主要派別:自由主義、文化主義、馬克思主義、社會主義、激進主義。

(一)自由主義

此派承認男女是有生物上的差異,亦即先天上的差異,但是反對生物決定論,認爲男女性別的差異主要是後天學習的成果,理論的核心價值是在強調個人有自由選擇的權利。其主張透過教育、法律和制度的修正來解決女性的次級地位,並且提供兩性平等競爭的地位。

(二)文化主義

此派主張女性非男性的附庸，他們認為女性的道德觀優於男性，因此女性獨特的文化一旦獲得解放，自由、和平的世界就會到來。其策略為婦女解放的力量，透過激進的與政治的手段，也就是說由女性來主政，來推翻男性霸權。

(三)馬克思主義

馬克思主義認為婦女被壓抑的原因，在於資本主義的核心家庭單婚制與私有財產制度之形成的交互作用下，女性逐漸被驅逐出社會生產工作之外，而淪為男性之私有財產的一部分。因此，此派的解放策略為推翻資本主義體制，隨著勞動階級的解放，婦女必能獲得解放。新馬克思主義者雖然注意到父權意識型態與資本主義一樣，是壓迫婦女的大敵，但同樣認為婦女要獲得解放，一定要參與社會生產，並且和階級運動結合，以革命的手段來打破婦女被壓迫的情境。

(四)社會主義

此派認為女性是資本家的消費品，亦是家庭中的奴隸，女性淪為「消費動物」和「性商品」。而其主張消除資本主義與改變父權體制，來提升女性的地位。

(五)激進主義

其主張強調婦女是歷史上第一個被壓迫的團體，而且根深柢固，是最難消除的壓迫形式，因被壓迫者受男性至上的社會偏見所影響，往往不能察覺被壓迫之苦。其解放策略為：透過生產科技的創新來解放婦女；另外，還有人認為女同性戀主義可以對抗父權主義壓迫。

三、建立兩性平權的社會

　　如何讓婦女站起來，勇於追求婦女本身的平等權益，進而達成一個平等、自由的新社會呢？目前，最迫切的需要，是建立一套婦女新文化。兩性的關係是互相影響的，當婦女新文化逐漸建立起來時，傳統的男性文化也必然受到衝擊。男女兩性將在更平等的立足點上建立互敬互愛的關係。婚姻關係也必然跟著改變，兩性將可以更自由、更人性地選擇適合自己的角色，兩性的新關係，不但能增進社會的和諧，而且更增加人類生活的品質和幸福。隨著兩性平權的社會建立，亦將有助於我們對弱勢者的關懷、對社會的重視、對環境品質的堅持、對社區民主的要求等，這些新興的領域，將會使整體社會改造運動添加更豐富而踏實的內容。

第四節　宗教信仰

　　人類社會的歷史發展過程中，從原始的社會一直到今天複雜的工業、科學社會都可以發現宗教的存在。宗教和家庭可能是人類最古老的社會制度，在所有的社會中都有一些宗教信仰和宗教儀式。有些宗教具有嚴密的組織，有些宗教則強調個人心靈的祈求。無論其外在的形式如何，人們面對著生老病死、事業上的無知前途以及宇宙的奧妙，多曾在心中禱告或參與宗教的活動。

一、宗教的社會意義

　　從社會的角度來看，宗教是一種具有共同信仰或活動的制度，借

助這些制度，人們對他們不可知的力量做出某些回應，並且透過這些力量獲得人生的意義。因此宗教是神秘的、抽象的，但宗教的社會功能卻是社會性的。涂爾幹在《宗教生活的基本形式》（*The Elementary Forms of Religious Life*）把宗教視爲一套對神聖事務有關的信仰與動作，包括三層成分（如**表7-3**）：

表7-3 宗教的內涵簡表

項目	內涵
文化的成分	宗教必須包含一套信仰與儀式，信仰是意見和態度的表現，而儀式則是外在的行動或動作。信仰與儀式必須與社會文化裡的價值規範一樣。
組織的成分	宗教要有一個道德社區或教會的組織，教會並不是指建築出來的教堂或社會裡的一小群一起崇拜的人，而是指一群具有共同信仰與儀式的人所組成。
神聖的成分	神聖指不平常、稀有、人們畏懼的信仰或事物，而凡俗則是平常或經常的經驗或事物。

資料來源：作者整理。

二、宗教的社會功能

從涂爾幹開始，社會學家就一直認爲宗教與社會價值規範息息相關。功能學派的學者因此特別強調宗教對個人和社會的功能。宗教對社會的一個很重大的貢獻或功能，是維護和加強社會的團結與整合。宗教的第二個功能是建立了一個信徒社區，這個功能也可以用來推動社會的團結。宗教的第三個功能是社會控制，由於宗教與社會價值相關，宗教的信仰與儀式一方面用來提高人們的向心力與認同，另一方面則處罰那些違反社會規範的差異者。第四個功能是對未知的詮釋。人們在世界上往往面臨困擾，即一種對未知世界的迷思，宗教的教義對未知的世界與宇宙多少都有某種方式的解釋，給人們一種安全感。

宗教的第五個功能是減輕人們在這世上的痛苦，從永生的觀點來看，生老病死並不可怕，來生必定是好的。第六個功能是對人們在生長過程中階段的改變加以承認與肯定。第七個功能則是社會變遷的推動。有許多宗教對現實生活的不滿，批評人生，批評社會，甚或反抗現有的政治既得利益團體，進而推動改革使社會變遷。

　　但是學者也提出，宗教的反功能，也就是對社會有負面的影響，這些反功能包括：

1.由於宗教的信徒社區把信徒和非信徒的分開，可能造成對立與社會的衝突。
2.宗教的保守意識型態，往往支持現有的價值規範，而成為社會改革的阻力。
3.宗教的出世觀可能造成人們不求上進，只等來世或救世主的出現。
4.宗教教義的解釋可能妨礙新的科學知識的尋求與發展。

三、宗教與社會秩序

(一)宗教信條與道德準則

　　社會秩序的先決條件是有套共同遵守的行為準則，此準則因地而異，與時俱變，但在絕大多數的社會裡，都與宗教的信條（或教條）渾然難分。社會學家麥凱佛（R. M. MacIver）認為，宗教與道德的分別不在內容，而在制裁者—前者是超自然力量，後者是社會。宗教不僅統一道德標準，而且加強道德的威懾力量。

(二)宗教儀式與集體意識

宗教有助於維繫社會秩序，已是眾所公認的事實。宗教維繫秩序的功能，與其教義的眞僞無關。原始及古代的宗教，往往是先有實際行動，亦即宗教儀式，然後才產生信仰、教條。世俗化與人類社會的理性化是相伴而來的。從宗教功能論的觀點來看，宗教面對科學強而有力的衝擊而能歷久不歇，顯示它依然在人類生活中發揮著一些重要的功能，爲科學所無法取代。

四、宗教與社會變遷

研究宗教的社會學家發現，隨著社會變遷，宗教的影響力不斷縮減，這就是所謂的「世俗化」（secularization）過程。在社會結構方面，包括政教分離，教會財產被沒收，教會從教育、福利及醫療事業淡出等；在文化領域方面，藝術、文學以至哲學中的宗教色彩逐漸稀釋；最後就連人的意識也世俗化，人面對世界，審視周圍事物，愈來愈少以宗教意念爲依歸。從功能論的觀點來看，宗教在現代社會的影響力縮減，意味著它不再發揮以前所發揮的全部功能。或者說，宗教於傳統社會所發揮的功能，起碼有部分已爲其他東西所取代。

在高度工業化的社會裡，由於生活緊張、人情淡薄及疏離感的產生，人們在得不到初級團體的感情支持下，而變得轉向超自然的祈求和宗教信仰以求解脫。因此，工業社會裡的宗教並未完全消失，只是在形式上和性質上有了些改變。

 第五節　職業生活

　　當我們要從一個人，來預測他的價值、態度以及生活型態，則最能瞭解他的是他的職業。職業是個人的主要角色。同時，職業與個人聲望、權力及所得之間有高度相關。工作的地方會影響其人際互動，與深受同輩團體的壓力。因為大多數職業都要求某些必須條件，如年齡、教育、體力、技能與經驗，因此從事相同職業的人，會有一種同質性。另外，人們對於職業，常具有某種刻板印象，如律師是精明的、教師是誠篤的、企業家是尚利的、政客是虛矯的等，對上述印象的期望，會影響該種職業者的行為；許多人會有意識或無意識地接近某一種典型。這些都足以說明職業與個人之間的關聯性。因此，我們經常以工作是瞭解社會系統與個人行為的一個重要指標。在社會層次上，工作者的人數與種類，為解釋社會系統的經濟組織提供了線索，這就是職業結構的領域。

一、職業的分類

　　一般將職業分為三大類：第一類是農業、牧業與漁業，這是人類最古老的生產活動的延續。原始經濟的工作大部分就是這些活動。當技術變成更為複雜與高效率時，更多工作者會從事於轉移產物，這就是第二類的製造業。這些活動是工業時代的象徵，是工廠生產系統的核心。第三類是服務業，業者從事於服務與符號工作，它是基於前述兩類形成的基礎而促使其發展的。每一種生產類型支配著一個特別的時期或社會。在現代化過程中，社會經濟系統強調服務事業，使得專門技術性工作人員及經理與銷售人員迅速成長，成為就業者最大的一類。

為說明一個社會的職業結構，必然涉及勞動力、勞動參與率等概念。所謂「勞動力」（labor force）是指有工作能力及工作志願的人口，是為經濟生產的基本要素，也為國家建設的主要力量。所謂「有工作能力者」，係指若干年齡以上，若干年齡以下，可從事工作；各國勞動力年齡的界限並不一致，並隨經濟社會發展而不同。我國適於工作年齡的人口是指十五歲以上六十五歲以下的人口。至於「勞動參與率」（Labor Force Participation Rate）所指稱的是：勞動力人數占適合於工作年齡人口的比率。勞動參與率不只為經濟發展的指標，也是社會情況的反映。勞動率可按男女性別分，可按年齡分，可按教育程度等因素來分。由此我們可知男女地位是否平等、婦女外出工作或在家照料子女、老年何時退休等情況，反映社會各種現象，也成為社會發展的重要指標。

二、職業選擇理論

職業與個人的生涯息息相關，職業的獲取是一項長期的過程，依照生涯發展的觀點，則包括了個人的全部生涯，亦即從幼兒直到成人，依照職業認知、職業導向、職業試探、職業選擇、職業計畫、職業準備、職業安置、職業進展。循序漸進，每一階段均有其特殊的發展任務需待完成，經由該階段的逐步實施，使個人獲得職業的生涯，並建立個人生活型態，以促使個人能過一種經濟獨立，自我實現及敬業樂群的生活。

職業選擇就個人而言，是進入工作市場並在工作分類中決定自己偏好的一項決策態度或行動。就社會而言，個人的職業選擇也就是社會人力資源的分配問題。所以個人的職業選擇不只是配合自己的性向、能力和興趣的工作決定過程，同時也是個人對應社會變遷的自我成長和調適社會生活的行為反應。

　　職業選擇的有關理論主要處理那些能產生事業形態或是決定其發生可能性的主要事件和現象。國外學者大多由心理層面和社會層面來研究職業選擇。最早的概念見於帕深思的〈職業選擇〉一文，他以為：「個人欲作明智的職業選擇，首先瞭解自己的能力、興趣、性向、抱負及優缺點；其次是熟悉各行業成功的條件、報酬及展望各種可能的利弊；最後是對前面兩組事實的真正理解。」

　　經濟學家金斯伯格（E. Ginzberg）在一九五一年發表了《職業選擇一般理論的探究途徑》一書，他的職業選擇理論包括四個要點：

1.職業選擇是一種終身發展的歷程。
2.此一歷程大多是無法逆轉的。
3.此一歷程必須求得興趣、能力、價值與機會調適，折衷而成為職業選擇的要素。
4.職業選擇可依個人的成熟度分為三個時期，十一歲以前為幻想期；十一歲至十七歲為試驗期；十七歲開始至成人則為實際選擇時期，在此一階段早期的一些主觀性選擇必須與周圍環境的客觀因素折衷妥協，而個人的選擇內容也會更加具體化，例如對科學的一般概念會具體成某一特殊的職業，就像物理學家。

　　而霍蘭德（J. L. Holland）則認為，職業選擇就是在找尋一個可滿足個人適應傾向層次的狀態；即個人的職業滿足、穩定或成就，都和個人個性及工作環境的調和有關。而個人又是同儕團體、父母、一些有影響力的成年人及所在社會等力量綜合影響的產物。

　　心理學家舒伯（D. E. Super）指出，職業選擇的過程以總括為一連串的人生階段，包括成長、試探、決定、維持和厭倦五種階段。雖然每一種職業均需要特別的能力、興趣和人格特質，但亦都有相當的伸縮性，可以容許某些不同的個人從事相同的職業，而每一個人的職業愛好、能力及自我觀念，隨時間、經驗而改變，因而使職業的選擇與

適應成為一個連續不斷的過程。在個人和社會因素之間，在自我概念和實際情況之間，往往會產生折衷的決定。而工作滿足與生活滿足，是基於個人對自我能力、興趣、人格品質與工作價值的適當配合的結果。

職業選擇是一種人決定要或不要的程序，它常會受到周圍環境的影響，如果可能的話，個人會試著去改變這些影響，選擇的結果是他會關閉掉某些可能的職業途徑，再去尋找其他的途徑。在這過程中，有一些因素會影響到個人的選擇：學校中的主修課程、是否結婚及何時結婚、當時的就業市場情形、種族背景、居住的地區、個人對欲進入職業的瞭解和家庭的背景等。總之，職業選擇是外在種種無法控制的事件，加上內心莫名的衝動，以及個人理性的計畫和努力三種因素的混合為基礎下的運作。所以說職業選擇是一種發展性的過程，其中個人會對他自己的喜好、能力以及價值觀愈發瞭解。

Haller認為影響職業選擇的因素包括：

1. 個人的職業關注：如對未來的興趣、個人職業期望的層次、特別的職業選擇。
2. 職業的改變：如過時的或新的職業的職務、職業技術的升級、新職業對正式教育更重視。
3. 自我概念及實際的職業機會：這些可能受到個人學校教育及家庭經濟的影響。
4. 其他的生活決策：如教育程度、結婚及個人喜好的住所。
5. 個人的人格特質：如個人的智力、能力、職業的自我概念、個人性別上適當的行為概念。

這五個因素之交互作用，而產生複雜的職業選擇過程，幾乎所有的年輕人都依著這五個因素來選擇職業。這五個因素之間存在著敏感的平衡維持關係。

社會學概論

Hoppork則認為影響職業選擇的因素為：

1.追求更高的生活，或維持現有生活水準的期望。

2.價值觀念的改變。

3.經濟因素。

4.教育水準的高低。

5.社會因素，如家庭背景、社區的文化型態、地理環境、宗教信
仰等。

至於泰勒（Tylor），他將影響職業選擇的因素分為三項來探討：
教育因素、家庭因素以及社會因素。教育的目標雖不一定完全為就
業，但教育的結果卻在實質上影響職業的選擇，教師對學生職業的選
擇也頗具影響力。家庭環境和父母職業，亦帶給青年在成長過程中對
職業有不同的認識和束縛，例如感受。另外，職業選擇也受到社會結
構的限制與出身家庭地位等因素的影響。

職業選擇方式是影響職業選擇的因素之一，Simon認為，個人對
於所得到消息的分析能力與解決複雜問題的能力，再加上個人在作理
性的決定時，會受到「認知」的限制，所以在進行職業選擇前應先具
備相關知識與對實際狀況的瞭解，才會有助於職業的選擇。

第六節　休閒生活

談到現代社會的休閒需求，是一個漸成話題的議題了。以往人們
對休閒的定義只是在於基本的身心放鬆，但是隨著社會的改變和經濟
的發展，人們的休閒活動已不再是那麼枯燥而無味，取而代之的是多
樣化的選擇與精緻的休閒生活。

一、休閒的意涵

「可以讓心情輕鬆的方法。」馬克吐溫曾分辨工作與遊樂，前者是我們責任須做的事，後者則並非必須做的事。休閒的特質，則包括：

1. 不涉及責任：休閒的目的與工作目的並不相同，休閒在責任的歸屬上並不須像工作上負責成敗的壓力。
2. 毋須顧慮是否能有高成就：如一位婦女在參加賽跑時候並不在意自己跑第幾名，因為她享受的是跑步時的樂趣。
3. 可變性：可以予人最大的自由去選擇適合的興趣，唯有自遊樂中，個人特質才得以顯現。

二、休閒的種類

教育部於民國七十八年訂頒「休閒教育實施計畫」，將休閒活動項目歸納為五大系列（如**表7-4**）：

表7-4　休閒的種類簡表

項目	內涵
體能性	田徑、體操、國術、游泳、划船、登山。
知識性	閱讀、朗誦、寫作、實驗、研究。
娛樂性	棋藝、橋藝、攝影、釣魚、觀劇、聽唱。
藝術性	音樂、繪畫、雕塑、刺繡、舞蹈、縫紉。
服務性	環境清潔、整理花園、種花種菜、飼養動物、協助孤兒或老人、生產勞動及其他社會服務項目。

資料來源：作者整理。

三、現代社會的休閒生活

伴隨著台灣經濟奇蹟的發展，人民的生活水準提高，而隨著「邊際效用遞減法則」和連幾年政治、社會快速變遷，人們的價值觀也大大改變，休閒活動的需求由量的增加開始，進而要求質的改善。國人對休閒活動的需求與興起時間尚短，雖有一部分人已朝向高品質要求，但大多數人的活動內容仍偏向通俗化、大眾化。

1.由團體變成個人：在以往的時代，大部分休閒的方式是以團體的型態進行；如今卻依著小團體或個人活動居多的休閒方式。其主要的變因是現代人使用交通工具的頻繁度極高，也因此造成個人活動的方式擴張，而不再需要團體的協助就可以自行休閒。

2.由單純變成多重：在上一代的休閒生活中，其休閒的主要目的都非常單純；現今現代人對休閒的要求不再只是單一的需求，而是要求一次多元化、多重化的超值享受。就如一般人白天前往郊外而夜晚去看電影或唱歌，來滿足休閒多元化的目的。

3.由長期變成短期：以往由於交通的不便，使得對外的休閒活動都是一次採長時間的方式進行（如出國旅遊等），但現在由於週休二日，再加上交通的便利，使得休閒生活的時間可以變成短期性的（如高鐵一日遊等）。

4.由遠方變成近方：或許也可以解釋成由戶外轉成室內。以前大部分的休閒活動都是在戶外，如今隨著科技的進步，使得一般人可以在自己的家中就享受到休閒的樂趣，如家庭電影院或家庭KTV。

5.由自然變成科技：傳統的社會中，其休閒的方式是走入大自

然，而現在的人已漸漸趨向於利用科技來達到休閒的目的，例如今掌上型遊樂器和電玩等，可見科技對人類的休閒方式有巨大的影響。

傳統上，國人向以勤苦耐勞著稱，過去對休閒生活的安排較爲忽略。但隨著社會結構與工作環境改變，一般民眾已有較多閒暇時間，對休閒活動需求也逐漸提高。

 ## 第七節　傳播媒體

所謂的傳播科技，指的是社會上所發展出來科學地傳播各種資訊的技術。自人類發展科技以來，各種有效的傳播方式漸漸地被發展出來，如早期的報紙、雜誌等平面媒體，再來有電視（影）、廣播等聲光媒體，以及目前最受注目的科技——網際網路。這些傳播科技之所以深深的影響到現代的社會，是因爲透過它們，可以把地球上各個角落的訊息在最短的時間內，以最寫實的文字、畫面呈現在眾人面前，而非像過去口語相傳的傳統方式。

麥克魯漢（Marshall McLuhan）在其所著的《認識傳媒：人的延伸》中，創造了一句話：「媒介就是訊息」（The medium is the message）。指的就是傳播的載體，不論是人的聲音或是已經印出的版面或電子媒介，對訊息、傳送者或接受者的影響，也就是對社會的影響，超過所能想像的。

傳播科技，也就是所謂的大眾傳播媒體，對社會的功能至少可以分爲：(1)娛樂；(2)新聞；(3)評論與分析；(4)教育；(5)公共關係和廣告。由此可知，在傳媒影響社會之深的現代，如果沒有一種社會自覺的規範來節制媒體的傳播功能，那麼傳播科技所扮演的角色就不只是單純的訊息媒介，負面的也有可能成爲社會動亂的導火線。

社會學概論

一、傳播科技內容對社會的功態

傳播科技所展現的訊息內容是十分強大且快速的。所謂的「強大」，指的是它所影響到的人數、連結到的距離和區域，都十分的廣大。而「快速」就是指時間的跨度，因此傳播科技的內容對於視聽大眾有五項功能：

(一)娛樂

這是最廣泛為大家所知道的傳播科技的功能。從前傳播科技未發達前，一般的娛樂，如戲劇、音樂等，也許只為少數人所享受，但傳播科技發達後，藉著電視、廣播、網路的傳達，可以四通八達到各個角落。

(二)新聞

傳播利用它們的科技之便，廣泛地蒐集各地所發生的訊息，再詳實地報導給讀者或觀（聽）眾知道。一般而言，傳媒不管是對政治、經濟、社會或文化事件的報導，都應該秉持公正客觀的態度。根據美國對它們新聞報導的專業性發展出了三項標準：(1)客觀性（objectivity）；(2)準確（accuracy）；(3)平衡和公正（balance and fairness）。

(三)評論與分析

不管是報紙、電視或廣播，經常可以發現到評論性或社論性的內容，「新聞」和「評論」之間有一定的關聯性，不同的國家有不同的看法，許多的歐洲國家希望媒體在報導時，可以摻入他們的評論。

152

(四)教育

大眾傳媒存在著教育的功能，就是一般通稱的社會化（socialization），可以影響我們的社會觀念，更瞭解現代社會的想法。

(五)公共關係和廣告

現代的社會中，傳媒科技公共關係技巧運用的例子到處可見：選舉、演藝宣傳、宗教傳道，足見傳媒公共關係和廣告的重要性不容忽視。

以上的五點僅是傳播科技概述性的功能，但由這五點應不難看出傳播科技如何利用其特質，來發揮對社會的影響功能。

二、傳播科技與青少年及兒童的關係

在兒童及青少年社會化的過程當中，傳播科技所創造出的種種，無疑地深深影響社會的下一代。從許多的研究報告中可以發現，現代社會中的兒童及青少年十分依賴傳播媒介，不管是社交、規範、甚至感情，都容易使得兒童及青少年接受傳媒的想法。

現代社會處於資訊爆炸的環境中，圖書報章中生動的內容、聲光並存的網路媒介，無不左右了兒童及青少年的學習（如**表7-5**）。

表7-5　傳播媒體對兒童及青少年學習的影響簡表

項目	內涵
形成模仿行為	兒童及青少年人格尚未穩定，尤其傳播科技所創造的鮮明印象，更容易引起仿同行為。美國「全國暴力原因及其防止調查委員會」證明，具有侵奪行為之兒童及青少年，對於暴力節目具有強烈模仿行為。

（續）表7-5　傳播媒體對兒童及青少年學習的影響簡表

項目	內涵
改變學習過程	傳統的學習過程，兒童與青少年的社會價值與道德標準，首先來自家長及老師；現代社會中，由於傳播科技的發展，媒體的資訊，占了兒童及青少年學習過程的大半。
改變社會價值	令人眼花撩亂的傳播科技，傳輸了許多未經說明、真真假假的觀念，在長期薰陶下，對下一代的價值觀有了潛移默化的影響。

資料來源：作者整理。

三、傳播科技與現代發展

　　談到傳播科技對現代社會的影響，就不可忽略它對社會現代化的影響。由於傳播科技的興盛，使得社會結合成更大的群體，彼此之間，有更多的聯繫與互動。勒納（D. Lerner）說過：「現代化是一個老過程的新名詞——就是低發展社會獲得高發展社會共通特性的社會變遷過程，這個過程起自國際間或社會間的傳播。」從這句話中更可以令我們瞭解到傳播對現代化的影響。傳播科技形成的媒介是現代發展的推動者，也是增強者。可以使人知道其他世界，站在其他人的立場設想，和自己做比較，以幫助人接受改變和快速適應新的需求。現代化社會的幾項特徵：(1)民主化；(2)工業化；(3)社會化；(4)都市化；(5)流動化；(6)理性化；(7)大眾化。社會的現代化，除了政府的宣導之外，大部分都是透過媒體的學習。

　　整個社會現代化的過程廣泛而複雜，絕非個人可以輕易體察，何況傳播者本身也處於社會中，共同參與整個社會的變遷。所以大眾傳播科技在面對現代化訊息傳遞任務時，應注意：

　　1.傳播內容所反應的社會是否合於事實。

　　2.傳播的服務是否普及且均衡。

　　3.要給予社會希望及信心。

　　傳播科技所塑造出來的力量在現代社會中逐漸被人們所重視，從報紙、雜誌到廣播、電視，乃至網際網路，傳播科技所帶來的不只是宣傳、介紹，而且有潛移默化的功能。大眾傳播的科技在現代社會結構中占有極重要的地位，不管是社會上的政治、經濟或文化，都影響到大眾的生活型態，傳播科技的滲透性和力量是十分紮實地衝擊社會。既然它是具強大影響力的工具，那麼自然應該負起對社會的社教功能。現代社會的傳播者一直非常強調傳播的自由權，但在此同時，責任也是應該被重視的。如何良善地應用傳播科技，以使社會有進步且正常的發展，必須有賴政府、社會大眾和大眾傳播媒介本身共同努力，才能發揮良善功能，形成優良影響。

都市生活與社區營造

　　自人類聚落的發展脈絡而言，可以確信目前全世界正以快速的腳步進行著都市化。都市的人口數，呈現快速增加的趨勢。都市曾造福人類，賜予人類難以估計的恩惠，因爲都市經常是文明、文化的發源地，政治權力的中心，人類由於受到都市的恩賜，豐富了生活的內容，添增了生活的情趣。但都市的發展過程中也爲人類生活帶來若干的挑戰，使得社會學家必須予以正視。

　　當今人們所存在的現代社會，爲社會學的研究者所關心，根據這些研究，現代的社會具有了都市化、資訊化、管理化、流動化、合理化、核心家庭化、個人主義化、平等主義化、非私人關係化等現象，這些現象並非單獨的存在，而是相互影響，本章就都市生活及社區營造說明對社會的影響。

 # 第一節　都市的現象

　　都市是占據某一特定地區的人口群體，擁有一套技術設施和機構，行政管理體系，以及自身有別於其他集團結構的組織形式。但是，在這一大塊由建築物、街道和人口等所形成的集合體中，社會學家還發現，都市是當地那些共同的習俗、情感、傳統的集合，這些東西是從當地的生活實踐中產生出來的，並且具有某種典型文化的特徵。

　　因爲都市的形成與人類的歷史文明息息相關。都市依其在各個時代的政治、經濟、文化諸條件中成立、發展，並負擔中樞機能。都市蘊育了人類的文明，並發展出複雜的社會結構。如我國自古以來，實行科舉，要想出人頭地，光耀門楣，必須到京城參加考試，狀元及第，最爲風光，因此京城自古即爲讀書人極端嚮往之處，加上京城自身的繁華，舞榭歌台、名勝古蹟、人文薈萃的場所，更是人人夢寐一

遊之地。這是因爲都市在任何社會，均承擔著知識、資訊的生產，管理與政策決定等核心機能。

所謂都市化指的是「農村的人口往都市集中」，如英國的工業化、我國的現代化，使得許多過剩的農村人口，流向都市；都市以其吸引力，不斷地吸收由農村流入的人口，這個過程叫做都市化。有的學者則以「都市人口增加的比率來界定都市化」，如戴維斯（K. Davis）。

至於社會學家索羅金（P. A. Sorokin）及瓦茲（L. Wirth），以職業、環境、地域、人口密度、人口異質性、社會分化、移動性、互動型態等現象，說明「都市狀態」（urbanism）的觀點，把都市化界定爲「都市生活方式的擴大過程」。而都市化的結果產生了幾種現象（如**表8-1**）：

表8-1　社會學家對都市化的描述簡表

項目	內涵
人口密度	都市人口集中，人口密度高。
人口異質	都市人的社會心理具有較高的異質性，都市移入者受都市生活的影響。
人口遷徙	都市均比農村來得激烈；人口移動方向，大都由鄉村流向都市。
人際互動	都市人在人際互動上呈現複雜性、多樣性、表面性與標準性的形式。
社會分化	資本累積，生產技術發達，階層分化現象都市比起單純的農村來得大。
結構變化	社會結構的改變，如政治、經濟、家族、教育、宗教、階層的分化與擴大等。
職業特質	都市的職業，主要從事工業、商業、專門職業等非農業的人員所組成。
環境屬性	都市遠離自然，都市土地分區利用，產生區域的分化，環境由人為所創造。

資料來源：作者整理。

 第二節　都市的特徵

　　基於上述的描繪，社會學家將都市化界定如下：「所謂都市化，指的是由於受到工業化與產業化的高度發展影響，引起人口往都市移動的過程。亦即，都市中所具有的典型生活方式與生活態度深化與擴大的過程。」

　　社會學家瓦茲（L. Wirth）認為都市的主要特徵包括：

一、人口數量

　　隨著人口數量的增加，其間的人際關係的性質就會改變，彼此之間所顯現的差異性則愈大，因而產生了居住空間的隔離。親族、近鄰關係與異民族之間情感薄弱。生活有賴於金錢作為媒介，因而產生相互掠奪的關係。由於人數眾多，使得親密的相互認知成為不可能，並且容易產生社會的距離，個人往往脫離社會規範，為維持社會秩序，須仰賴公權力的伸張。人際關係的表現，呈現出表面化，瞬間的、隱名的、詭異的、合理的、功利的、金錢的、慎重的、冷漠的態度，個人之間的往來經由間接媒體接觸的機會增大，促使利害團體形成。

二、人口密度

　　由於人口大量的聚集，使得個人之間的差異性顯現出來，而高人口密度使這些差異更加突出。人口密度的增大，產生個人的分化與專業化，使得社會的活動多樣化，社會結構複雜化，人們對空間的競爭激烈化。土地的分區使用及生活方式的相異，而出現隔離，產生高雅與低

俗、富貴與貧困、有教養與無知、井然有序與混亂等強烈對比。

三、異質性

在都市裡，經由異質性格者互動的結果，使得階級結構複雜化。個人的高度移動性，使個人所具有的地位浮動，並且喪失了對於單一團體的忠誠心。使成員間形成相互認知相當困難，個人成為流動的大眾。

相較於都市的鄉村社會，在生活特徵上，可根據雷德菲爾（R. Redfield）的說法，歸結為以下諸點：小規模、孤立的、沒文字、同質性；強固的團體結合；生活方式基於習慣的文化體系；行動以傳統的、自然的、無批判的、私人關係、血緣關係；制度取決於經驗的範疇；以家族團體為行動單位；經濟非居於市場經濟，而是居於地位經濟。

都市能於近代社會中快速地發展，是因為都市所具有的吸引條件，使人們紛紛由鄉村走向都市。都市為行政機關，公司行號林立，具備了便捷性的特質。都市在人類歷史上出現以來，較之農村有較好的生活。都市的吸引力，可大概歸納為下列幾點（如**表8-2**）：

表8-2　都市所具備的吸引力簡表

項目	內涵
爭取成就的所在地	利用快速的運輸手段，使得人們出現高度的流動與移動。都市為獲取功名、開發前程、施展抱負之所在，古今皆然。因此，都市自古至今，即為有志之士爭取功名的場所，能夠往都市開創新天地，亦為周遭人誇耀的對象。
享領地位的所在地	現代化的進展，使人們脫離傳統規範的束縛，而最先實現合理化思考的地區則為都市。在都市裡，經濟活動脫離土地，都市的住民，工作場所大都與居住場所分離，每天的上班通勤、購物消費，頻繁地流動，形成一種大眾社會特性，享有自由活動的空間，因此能夠脫離傳統的規範。
追求新知的所在地	都市裡設有許多研究機構，有許多專門的研究人員集中在此，可說是人文薈萃之地，加上博物館、工藝館、美術館，音樂演奏、舞蹈、展覽，大都在大都會舉行，能獲取知識的地方較多，更增加了都市的魅力。

（續）表8-2　都市所具備的吸引力簡表

項目	內涵
謀取機會的所在地	由工業生產過程來看，生產技術的進步，必然誘發人口的凝聚。也就是說，隨著工業化的進展，在都市裡有較多的就業機會。
創新生活的所在地	物質生活上或精神生活上，在都市皆能有較豐富的資源。現代社會中，都市所具豐富資訊，使其愈顯魅力。大眾傳播發達的結果，都市生活方式，直接滲透到農村，提高了農村人們對都市的嚮往。
接近權力的所在地	都市比起農村有較高的生產效率，能創造新的文化，擁有農村所沒有的自由。因此，都市化就像水往下流，為極其自然的現象。

資料來源：作者整理。

　　都市化的誘因，有經濟的因素，例如：一家工廠、跨國公司的設立，當中所需的員工，有時大到數千、數萬人，職業的種類極其多樣化，使一般人往都市定居以便尋求生計發展的機會，因此，直接的促使都市化發展。隨著生活水準的提高，非經濟因素將愈形重要。

第三節　都市的生態

　　都市作為一個整體，其地位、功能和發展要受到許多互相競爭的因素的影響，這些因素並非哪個人設計的結果。都市有它自己內在的組織形式，可以稱之為生態組織。所謂「生態組織」，是指都市人口和機構的空間分布形式，以及都市結構和功能的長期累積；這些結構和功能是隨著都市的選擇、分配和競爭力量同時發生，最後形成各種典型結果。每一座都市都由其實際的生態因素所決定，勢必趨近於某一種結構和功態類型。

　　像現代都市這樣，由於大量人口聚集在一個有限的地域範圍內，這種形式產生了兩個效應：一是全體居民的基本生活要求有可能透過他們自己的共同努力來完成；另一個是，滿足全體居民這些基本的生活需要已經成為十分迫切的要求了。人們已經發明創造了許多條件、

設施來滿足這些基本需求，而這些條件、設施也就成為保證都市的社會機制（social mechanism）的物質性基礎結構，這些設施如**表8-3**所示：

表8-3 都市生態中各項設施簡表

項目	內涵
維生系統	連續不斷的供水、燃料、照明等，是居民的基本需求，滿足這些基本需求是由都市的政府組織控制和調節。這些供應系統一旦中斷或發生故障，將會產生恐慌和災難。
民生供給	為了滿足都市中居住者的生活需要，必須發展出一個巨大、複雜而有效的社會實體。每天駛入都市中的糧食列車、牛奶列車、牲畜列車、冷藏車、能源車，倉庫、貨棧，凡此都說明了民生供應的鏈結，以滿足生活需求。
交通流動	都市生活的特點是發達的溝通方式，包括行動載具、交通運輸。這些技術措施是人口流動的重要因素。
商號林立	都市的複雜性、專門化以及其依附性，明顯地見諸城市為其人口的生存提供各種生活必需品。百貨公司及聯營商店是都市的典型設施，與民眾生活息息相關。
道路運輸	市井大街、人行道、巷弄、地下道，以及公用設施，構成了都市生活的結構，影響著個人和團體的行為。
公共安全	公共安全和福利方面的許多設施，諸如消防部門、警察、衛生保健、環保清潔以及各種社會活動的服務部門，都是都市特有的產物。
教育文化	人類社區對於文化的需求，在大都市中表現為學校、劇場、博物館、公園、紀念碑及其他公用事業。這些文化設施的影響卻遠遠超出都市的範圍，並且可以被看作是實現人的各種欲求的設施。這些文化設施本身又反映著當地社區內社會生活的水準。
休閒運動	都市所產生的閒暇時間內的活動與人民的生活關係密切，從這些活動中我們可以找到都市生活所特有的現象。電影院、娛樂場、運動場以及其他各種形式的娛樂設施，都是都市生活的縮影。
新穎建築	都市發展的成就，是新的建築技術的發明。鋼筋結構使摩天大樓、地下鐵路成為可能，這些都為都市發展開闢了新天地。這些新技術創造了都市用地的新密度，使都市出現了全新的面貌。
利益團體	都市生活清楚地表明對居民生活影響的程度，我們可以看到有各種地方的、國家的、文化的以及利益團體在發揮其影響。在都市中，我們看到政治活動。例如地方團體、職業團體，以及民眾的生活需要與滿足這些需要的種種機能。

社會學概論

（續）表8-3　都市生態中各項設施簡表

項目	內涵
昂貴消費	都市消費精緻與昂貴，地價是主要的決定因素。同時，地價又更突出地決定著某一特定地區內建築物的類型——無論它將是一座公寓樓、辦公大樓、工廠或是單戶住宅；也決定著哪些建築物要拆毀，哪些要修復。確定都市用地地價的技術已成為一項高度專門化的職業，地價與都市生活中許多方面的情況密切相關。

資料來源：作者整理。

　　社會學家對這些公共設施產生興趣的原因，是這些設施在一定意義上對於團體生活有影響，並能喚起某種情感、態度和行為，這些東西反過來又會影響團體本身。都市的照明狀況可能對都市的犯罪率有直接影響，而供水狀況則可能影響居民健康等；這些公共設施的管理可能會成為競選中的重要議題，並因而產生分歧的派別，從而使社區內部各個社會團體產生不同的主張。

　　根據社會學家對都市生態的特性進行研究可歸結包括：

1. 都市生活會引起人口出生率、死亡率的變化。同時，垃圾及空汙所占的比例已成為都市生存的主要問題。

2. 在都市環境中，人口的年齡組及性別組的相對差異，要較鄉村環境中顯著；而且在都市的不同地區，這些差異就表示著當地正在發生著某些重要的變化，並將導致一些連鎖式的結果。

3. 都市生活所特有的勞動分工和細密的職業劃分，同時帶來了全新的思想方法和全新的習俗，這些新變化使人們產生巨大改變。比如，城裡人注重考慮職業，而對其工作地點則不過於苛求。興趣繞著所從事的職業，同時社會地位與生活方式也都由職業來決定。

4. 都市已形成自身特有的都市心理，與鄉村心理迥然不同。城裡人思維方式是因果論的、理性方式的；而農村人的思想方法則

164

是自然主義的、幻想式的。這種差別不僅在都市與鄉村之間存在，在這一城市與那一都市之間，以及城裡這一地區與那一地區之間也同樣存在。每個都市，甚至都市中的每一個地區，都成了當地居民的一個獨特的社會環境，當地居民的社會性格就是與這一社會環境融為一體的，不管他們願意還是不願意。

5. 都市中人們相互影響、相互改造的媒介，就是市內縝密的溝通系統。都市的溝通系統具有特殊的形式，這種溝通系統所產生的主要不是人群間的直接聯繫，而是間接聯繫。同時，它在都市中所積累和建立起來的公眾輿論，以及由這些公眾輿論而產生出來的道德觀念及整體精神，反過來又須仰賴諸傳播媒介來傳播。作為社會實體的都市，它的特點在於它是各種團體的聚合，而不是地理學上的區域劃分。

6. 都市環境的最終產物，表現在它所培養成的各種新型人格。在城市環境中，各種人物的潛在能力及精力都在其最適宜的一個環境、位置上得以發揮，並且不斷加強著人類彼此間的個性差別。都市為人們提供了施展其專有才幹的機會，使之有可能登峰造極。同時都市又提供各種刺激和條件，使人們在最大範圍內透過各種各樣的行為方式，發展其生理的和心理的素質。

第四節 都市的問題

檢視人類的歷史可知，先進國家的都市化是來自工業革命，因為工業革命所產生的都市人口集中。至於新興國家都市化的發展與先進國家的都市化型態相異，其現象被稱為「假都市化」（pseudo-urbanization）或「過度都市化」（over-urbanization）。若由先進國家的都市發展模式來看，則新興國家的都市化並非正常發展，而只是一

種過度。真的都市化是在西歐產生，亦即隨著資本主義的發展，在都市裡進行工業化，農村人口的勞動力被吸引前往都市，因而促成都市的成長。

但是第二次世界大戰後的第三世界的都市化，並非隨伴著工業化而促成人口集中，農村人口往都市移動，而是由於農村的貧困，居民為謀生計的維繫而被推往都市。在農村地區，隨著保健衛生的改善，引起人口增加，但是耕地並未隨著增加，同時由於教育的普及，提高了人們的需求水準，這些因素相互激盪的結果，使得在農村無法生活的人，為著求職往都市集中，但是在都市裡，僱用的機會並不充分，因此，失業與貧困集中在都市裡。

所謂「過度都市化」，指的是在第三世界的都市中未充分就業人口占有極高的比率。至於在已開發國家中的都市問題，由於大都市文明的沒落、過疏現象與財政危機等問題，已經不僅是問題而已，叫做「都市危機」（urban crisis）。

先進國家的都市問題，呈現的情況主要為：

1.都市機能的障礙。例如：交通問題、水源不足等，而影響市民的生活品質，亦使得都市居民的生活福祉後退。

2.都市問題是涵蓋整個都市領域，與全體居民息息相關。在都會區域，因為區內各分子單位的利害關係多不一致，遇有涉及全區性的問題，動輒各持門戶之見，困擾區域組織，致難以順利行使職權。

3.都市問題無法由個案來解決，要對都市環境問題作整體的規劃，始克有功。例如：政府除了處理公共事務外，並得以投資人地位，從事商業性活動，如經營水電、瓦斯及市場等公用事業，興建住宅出租、創設市營工廠等。但何種事業在何種情況下，宜由市營或民營或雙方合營往往因法律無明確規定而引起爭執，甚至擴大為政府責任與民間活動的範圍之爭。

4.由於都市偏差行動不斷發生，造成都市居民與社會規範重建的問題。

　　傳統的都市問題，雖亦由於都市化的過程所產生，但是問題的發生，主要限定於某些特定的地區。即特別是集中在貧民窟的地區。但今日的都市問題，無論是住宅、交通、公害等問題，都不是單純地存在於局部的地區，絕大多數的住民皆捲入其中。站在社會學的立場上，探討現代都市問題，應著重於市民對環境的適應能力，市民的一體感、自律性、社會規範等問題，不應僅限定於酒精中毒、色情、違法事件等一些人的偏差行為。

　　都市社會的利益衝突隨都市的發展而日益加劇，並以團體為基礎，其發生更為顯現而易覺察。一般而言，都市的功能有：促進經濟成長及由傳統的市政建設擴大到舒適生活的服務提供外，就是市民利益衝突的仲裁。而造成都市社會衝突加劇的基本原因不外以下六點（如**表8-4**）：

表8-4　都市社會衝突的導因簡表

項目	內涵
民眾屬性多元	都市是一個專業化的相互依存機構，民眾一方面要互助合作，以促進生活，另一方面基於共同利益而相互結合。但由於利害關係，相同的一群人或團體處於對立的狀態。例如：開闢新道路或拓展舊道路原為市民一致歡迎，但當確定路線時，部分市民唯恐不與其住所接近，另一部分又唯恐影響其安寧，因此常起爭端。
社會差異多樣	加之貧富懸殊，又有新舊移民或種族之分，結果人人自由發展，各提各的要求，各採各的行動，在在需要代表公共利益的政府為適當的控制與干涉；然干涉愈多，則易使得政府居於與民對立的情形。
成員關係密切	都市社會的刺激力大，而民眾與政府的關係是直接的，其日常接觸與見聞所及，均易由知覺上及心理上的感應而潛伏著浮動不安。一遇發洩的機會，即立刻釀成爭執，甚至因貧富懸殊或階級意識而發展為過激的運動。

（續）表8-4　都市社會衝突的導因簡表

項目	內涵
公民利害衝突	政府提供服務所需財源，通常用兩種方式籌措，一是一般課稅，一是收取規費或工程受益費。前者以負擔能力為依據，後者以利益所得為依據。因此當每辦理一項公共事業，在考慮分擔問題時，民眾總會產生不同意見，而相持不下。例如：在車輛停放的管制，亦時有利益衝突，市中心商業區渴望在郊區通往市區的主要道路兩側嚴加限制，以期吸收更多顧客車輛駛入市區，郊區商店則要求放寬限制，以使車輛就近停放，增加營業。
利益難以均霑	現代都市傾向大區域制，市中心之外，還包括郊區及至廣闊的鄉區，在建設上原應不分軒輊，使全體市民得以均衡發展。然都市的資源有限，勢難平均分配，兼顧遠近。而市中心為財富薈萃之地，政府在工商企業界的壓力下，不得不加強建設，因而犧牲其他地區的利益；結果市郊及市內部分鄰里形同市中心的殖民地，紛紛要求改善，市議會常因此而引起重新分配資源的爭奪。
都市規劃衝突	都市利益衝突最多的，為與都市計畫有關的問題，尤其是土地與建築事件。例如政府有權徵收土地，早為一般市民接受，但在控制土地使用時，又常為糾紛之源。住宅區居民堅決反對工商業侵入，土地所有人及發展商則唯恐投資不能產生最大的利潤。當市內任何一宗土地變更分區管制時，通常在聽證會上出現爭執。

資料來源：作者整理。

　　急速的人口往都市集中，產生了局部性的社會解體之外，近鄰、地域團體的組織也趨於衰弱。其他方面，匿名性、流動性、移動性等的增大，使得都市住民的連帶感遲緩，及規範喪失等狀態，這種現象，以大都市為中心，並逐漸擴大至郊外。都市化一方面也使得住宅、交交通、廢棄物處理、公害等問題深化。但是另一方面，要解決這些問題，由於居民的自治、共識、政策能力的不足，而缺乏對應能力。

第五節　社區的營造

一、社區總體營造的意涵

　　根據西方工業國家發展的經驗而言，在經濟發展的過程中，因為都市裡有比較多的就業機會和比較高的經濟報酬，吸引農村人口大量往都市集中，一方面造成農村價值的瓦解，很多人覺得待在鄉下沒前途，因此鄉村留不住年輕人，使得傳統地方產業逐漸沒落，地方的文化特質和歷史遺產不斷消失；另外移居都會地區的外來人口，大家心上都存著暫時來都市討生活的過客心態，因此缺乏對社區的認同，只重私利，不顧公義，造成人際關係和對公共事務的冷漠。有鑑於此，政府及有志之士提出「社區總體營造」計畫，目的就是要激發社區自主性及自發性，重建溫馨有情的居住環境；實施的方法是由居民透過共同參與的民主方式，凝聚利害與共的社區意識，關心社區生活環境，營造社區文化特色，進而重新建立人與人、人與環境的關係。

　　社區就是人們公共生活的領域，從我們走出家門開始算，樓梯間、道路、市場、學校、公園及運動場等，凡與我們生活、休閒、娛樂和工作息息相關的地方，都是我們的社區。在社區中，我們和其他人交往，滿足食、衣、住、行、育、樂等各式各樣的生活需求。所以，社區的範圍，可以小到一座公寓、街區、村落鄉里，也可以是一個鄉鎮、縣市，甚至是整個社會、國家和全世界。「營造」含有經營、創造的涵義，社區工作應發揮創意，建立自己的社區生活特色。「總體」則是整體、全方位的意思，也就是要能滿足社區生活各方面的基本需求。「社區總體營造」結合了「社區‧總體‧營造」三個要

素，明白表示社區生活是整體不可分割的。居民是社區的主體，社區的問題，就是居民共同的問題，社區問題的解決，需要全體居民共同參與和討論，才能找出最合乎居民需求的解決方案。因此，社區總體營造，就是社區居民自動自發的參與，發揮創意，進行全方位的經營和管理，建立屬於自己社區的文化風貌。

有鑑於此，在倡導「社區總體營造」時，並不侷限於傳統的村、里形式上的行政組織，而著重於「社區」居民共同意識與價值觀念的營造。今天所謂「社區」，已不再是過去的村、里、鄰形式上的行政組織，而是在於這群居民的共同意識和價值觀念。在日常生活可以用來凝聚居民共同意識和價值觀的事項很多，如地方民俗活動的開發、古蹟和建築特色的建立、街道景觀的整理、地方產業的再發展、特有演藝活動的提倡、居住空間和景觀的美化等，各地社區可以分別依據自己的特色項目來推動，然後再逐漸擴大到其他相關項目，這就是所謂的「總體營造」。各社區都可以考量本身的資源及條件，經由民眾共同努力的過程，建立自己社區的特色。

二、社區總體營造的運作策略

社區是多元的，每一個社區都有其各自的發展課題，社區總體營造的推動，除了把握社區自主、居民參與及資源共享三大原則外，在實際推動時，更應因地、因時制宜，配合社區發展階段，採取最適切的方式介入，才能收事半功倍的效果。社區總體營造的行動進程，可以分為三階段，各階段工作重點略述如**表8-5**。

表8-5　社區總體營造的行動進程簡表

項目	內涵
建立社區意識	此一階段的工作重點，認識社區，包括社區資源調查、社區議題或危機意識的引發、動員居民、尋找理念相同的人、尋求政府部門及專業者（或專業團體）的協助，以及出版社區刊物等，目的是要讓社區居民認識社區、共同關心社區，並提供居民共同討論社區公共事務的機會，進而激發居民對社區的歸屬感和榮譽感，建立社區共同體意識。
規劃發展藍圖	架構動員和參與基礎，凝聚社區共識，除了繼續推動第一階段工作外，更強調在民眾已建立社區意識的基礎上，加強社區工作經驗交流、擬定系列發展主題、居民參與規劃、整合社區需求、制定社區共同願景，形成整體規劃發展藍圖，並尋求政府及民間資源的支持，再結合社區本身的資源，建立社區動員和參與的機制。
社區永續經營	全面主動參與社區公共事務，促成社區總體營造的永續經營。社區總體營造的根本精神在於永續經營。本階段並非社區總體營造工作的完成，而是在既有基礎上，持續發展其他議題，使居民參與成為一種習慣，並將其轉化為民主決定的實質過程，使社區的共同願景，成為推動都市建設的指導力量。

資料來源：作者整理。

三、以社區總體營造落實社會發展目標

　　社區發展乃是第二次世界大戰以後由聯合國所倡導的一項世界運動，其目的係希望成為一種簡易而有效地解決社會問題的方法，並用以改善居民的生活方式，運用政府與民間力量的統合，提升生活素質。根據聯合國於一九五五年有關社區發展緣由的報告指出：「今天，世界上大約有五百萬鄉村社區，這些地域性結合具有共通的心理意識和制度結構，有游牧性部落，也有農業村莊。隨著經濟、社會與技術變遷的進步結果，並未能為農村社區帶來更多的利益，反而打破了傳統農村自給自足的生活形態，且破壞了社會文化的整合力量。鄉村社區正遭逢巨大的分裂性壓力，和來自都市文化的各種誘因。隨著

人口大量移往都市找尋工作以獲取報酬，這些急遽的改變，使家庭和社區傳統和諧的關係瓦解。未開發國家的農村人民失去原有的純樸勤奮，變成冷漠平淡，新事務引進受到阻力，對社會經濟的變遷茫然不知所措。」（葉至誠，1997：524）社區發展即是在此情形下展開，企圖能改善社區生活條件的根本解決方法。然而該工作的推動並不能僅憑藉資本的大量投入，或是生產技術方法的改進，而必須配合當地人文風土的特性，發展出有效的社會制度結構，以使社區居民自發性改善自身條件，提供接納未來進步的基礎，才能有所成就。

就聯合國推行社區發展是以解決社會問題、改善人民生活、增進社會福利為目標。我國在推動該工作時，則認為其目標是完成基礎工程，實施生產福利，推行倫理建設，並自精神到物質建設以締造均富、安和的社會。這便是社區總體營造工程企圖建立的功能：

1. 社區總體營造蘊涵成長與變遷，改造社區的區位環境、生產結構及精神倫理規範，使其符合現代生活的需求，並使社區居民彼此團結合作。

2. 社區總體營造能改造社區的領導結構，促使其產生自發性的領導人才，以組織、協調居民的力量，並運用民眾的智能、財力、勞力，共同建設社區。

3. 社區總體營造能依據專門的學識及服務技能為指針，處理社區事物，建構社區發展的目標，以群策群力的方式，謀求社區的進步與繁榮。

4. 社區總體營造可培育居民的自信心、責任感及社區的認同，去除對政府的過度依賴，有助於心理、精神層次的建設。同時透過社區鼓勵居民普遍及積極參與社區事務，其成效包括：促使居民自願提供人力、時間、經費以配合社區建設。

一個成功的社區總體營造必須根植於充分的財政經費支持，足

夠的行政管理及保障居民權益的技能與認識，人口成長維持合理的水準，人民對社區改善人民生活的努力和團結意願有充分的信心。社區總體營造要有良好的發展，應考慮到社區居民的「自我歸屬感」，以及強化統屬凝聚力的重要性，社區居民一旦具有我群的意識，則會滋生造福鄉梓、參與建設、關懷地方的意願，不致表現出漠不關心的態度。社區歸屬感是社區賦予其居民引以為榮的自重與安全的意識，有了這種意識，則易產生休戚與共、榮辱共存的心理，由此不僅個人參與社區受益，進而將帶動整個社會與國家趨向於良好的發展。

社會學概論

結　語

　　都市與鄉村在當代文明中代表著相互對立的兩極。兩者之間，除了程度之別外，還存在著性質差別。城與鄉各有其特有的社會組織和人文特質，形成一個既互相對立、又互為輔助的世界，兩者的生活方式互為影響，但又不是同等相配的。

　　都市生活產生了新型的社會組織，這些新型組織與鄉村完全不同。無論是家庭、鄰里，抑或是社區和政府組織，都因都市生活的特殊需要而改變了自身的組織形式，甚至改換了自身的整個職能。鄉村生活方式中所特有的那些社會過程，根本不適用於都市環境。一種新的道德秩序漸趨形成，並促使某些慣例迅速改變。鄉村與都市不僅在其機能上顯現出重要差別，而且在其特質與性格上也有相當大的區隔。隨著都市的影響不斷地向農村滲入，我們將可以預判，二者之間的差異最終是會逐漸縮小的。

Chapter 9

社會組織與科層制度

社會組織是人類社會存在和發展的前提條件。人正是憑藉組織的力量使自己擺脫自然狀態，又使自身不斷地得到發展。組織擴大了個人的力量，造成一種新的合力。當人們經由組織把許多孤立的個體結合成一個能動的團體時，它所產生出的力量超過同樣數量個別的「機械總和」，並足以提高工作的效率。

 第一節　社會組織的定義

社會組織是一個社會或一個團體內的各部分相互關係的總體。人類的社會組織不是散漫而無秩序的，社會的各部分彼此都有密切的關係，是一個有系統的實體。亦即社會組織是「存在於特定的社會環境之中，由相互間具有有機聯繫的要素有秩序地組合起來，為完成特定功能或達到某種目標而建立，並隨著內部要素和外部環境的變化而尋求生存、適應、變革和發展的一個複雜的社會系統」。

把組織視為自然的社會系統（social system）。簡單地說，這一觀點認為任何一個社會單位都有若干基本需要，這些需要如得不到滿足，此一單位便不能繼續生存。而且，能夠滿足這些需要的諸種因素是互有關聯的；一個發生變化，必導致其他因素也發生若干變化。

社會組織究竟有哪些基本需要呢？帕深思（T. Parsons）認為任何組織都有四個基本需要：(1)適應環境；(2)完成目標；(3)內部團結；(4)維持其文化模式。

第二節　社會組織的特性

自社會結構的角度分析社會組織，則可以發現社會組織的特性有下列項目：

一、組織是社會運作的必要工具

社會學家把組織視為達到特定目標的工具。其結構型態透過合理的設計，務求以最高效率完成既定的目標。在此前提下研究者所追究的只是工具的有效性，至於他所要達成的目標是否有價值以及選定這些目標的過程都不在研究範圍內。韋伯（K. Weber）的學說可以說最接近這一研究途徑，他研究的主要對象是行政組織，但他所列舉的理想的組織應有的特性，大都可以使用到其他型態的組織上。他認為一個組織必須具有以下的特性，才能以最高效率達成組織的目標（如**表9-1**）。

表9-1　社會組織的內涵簡表

類別	內涵
正式規章	組織必須有一套規章，為組織行為的依歸。
合理分工	組織行合理分工，各單位有其專業職掌。
層層節制	權力的分配依位置的高低而不等，權力的範圍不得超出組織規章所賦予者，各單位層層節制。
規範作為	工作人員與其職位是合約關係，貢獻其所長，而得薪金為報酬，在工作之外，工作員有其個人自由。
能力取向	工作人員是任命的，不是選舉的，任用悉依其能力是否適合其工作為準。
依法行事	工作人員應依規章執行其職務，個人的情緒、偏好以及私人關係，不應與所辦業務混淆。

資料來源：作者整理。

為求達到組織的目標，不但整個組織要求高度理性化，即使工作成員在組織中的行為也應完全理性化，務求達到最高效率。依照上述條件建立的社會組織，有許多優點：

第一，工作順利進行，有理性化的組織結構為憑藉，即不必依賴工作成員彼此所持的態度。事實上，純理性化的組織對工作成員彼此間良好情感的發展是不鼓勵的，因恐一旦有私人的情感關係，往往會影響正確的判斷和紀律的執行。

其次，組織既有了正式結構（formal structure），其受人的因素左右的程度，便大為減低。不至發生「人存政舉、人亡政息」的現象。組織的重要職位，不必一定要由「偉大人物」來充任。天賦超眾的人物，偉大的領導人才，或可增進組織的工作效率，但組織卻非如此即不能生存。

二、組織環境的關係密切

組織的有效性，端視其自主範圍，即受環境左右的程度而定。組織的領導者的主要任務一，就是要創造一個能使組織不受外界干擾達成其目標的環境。一個組織可能其他組織發生若干不同的關係，重要的有下列四種（如**表9-2**）：

表9-2　社會組織內各單元的互動表

類別	內涵
競爭	兩組織無直接關係，但共同與一第三方有關係。
談判	兩組織直接接觸，以期達成交換貨物或服務的協議。
聯合	組織容許另一組織派遣代表參加其決策，如大規模的公司，於決策時邀請有關銀行派代表與會，以提供意見。
聯盟	若干組織共同決定方針，一體遵守。例如學術團體或慈善團體的理事會，其主要是設法使社會認為他們所代表的組織有存在的價值，所作的活動合理合法，同時又能為組織謀求它所需要的各種支持。

資料來源：作者整理。

三、組織有明確統一的目標和價值觀

　　組織的目標，是組織力圖達到所期望的未來狀況。該目標也是對組織過去實現某種狀態的要求。這些期望和要求，對一定的人們即組織成員來說，是明確且統一的。組織經由自身的結構和職能，整合全體成員，努力實現這些期望和要求。組織不僅有明確統一的目標，與此相聯繫，組織也有明確統一的價值觀。組織的價值觀反映的是組織成員對組織目標和行為規範所持的一整套的共同信念和評價標準。這種價值觀不僅影響到組織目標的制定，還影響到組織成員實現目標的具體行動。

四、組織具有固定的分工和職能體系

　　一個組織的各級單位，由於任務的不同，要作的決定也各異。組織的最高層級單位，其功能在協調組織與外界社會的關係，為組織謀求精神與外界的支持，以便達成其目標，並能繼續生存。組織的中間層級是管理級，其任務是取得和分配其所需的人力與物力，並協調各單位的工作。最低層級是技術級，其功能是在技術上如何完成本單位的任務。以大學為例，大學教育是否應與經濟建設配合、其經費來源如何等，是大學最高級協同有關組織（如政府）應作的決定。至應招多少學生、建多少教室、請多少教授，是管理級應作的決定。至於如何招生、如何建教室、如何請教授，那便屬於技術性的決定了。

五、組織有明確的界限和規章制度

　　一個組織要達到一定的目標，必須有其獨特的活動領域，這『領

域』就形成組織的界限，以區隔於外在的環境，在該範疇內組織有其特定的規章制度，它們體現具體組織的目標和利益。

六、社會組織應保持與外界互動的關係

社會組織要發恢揮其效能和作用，就需要不斷地與外部環境交換資訊、物資、勞務和人員，方能使組織具有生命力和活力。

七、社會組織是個有機體

組織是一個系統，系統中各個組成部分之間的相互聯結、交互作用與共同動作，使其中一個方面的變化勢必影響到整個系統的變化，同時也使一個有機的社會組織始終以整體性的面目進行運動與發生作用。任何一個組織的存在一般都是因為有特殊的需求需要達成。一旦組織目標實現，該組織也就無存在的理由了，或解散、或轉換與重新確立組織目標，並建立與之相適應的組織體制。

 第三節　社會組織的類型

正式組織（formal organization）是人們為了達到特定目標，經由人們設計，在勞動分工、職權分配、層次劃分的基礎上而建立的關係模式。也就是我們在一般意義上所說的組織，它是相對於非正式組織而言的。正式組織的主要特點如**表9-3**所示：

表9-3　正式組織的特點表

類別	內涵
規劃建置	經過規劃設計而建立，並非自發形成。
明確目標	有明確的組織目標。
清晰規範	組織成員的活動有明確的規則和制度。
分工明確	組織內各個部門的職責、權限均有明確規定。
層級節制	組織內部的各個職位，依照等級原則進行法定安排，形成自上而下的等級系統。

資料來源：作者整理。

　　相對於正式組織而言，非正式組織中的若干成員由於生活接觸、情感交流、興趣愛好、利益一致、個人經歷、社會關係、居住區域等因素的作用，在相互交往和互動過程中，自發地形成的一種互動交往的人際關係網或模式。人們參加非正式組織的原因在於滿足情感、友誼的需要，獲取人們的認同，保護自己，謀求發展。

　　非正式組織具有以下特性（如**表9-4**）：

表9-4　非正式組織的特點表

類別	內涵
自願結合	非正式組織是人們自願結合而成的，是順乎自然的，沒有人去故意安排、設計，在認知和情感基礎上自然結合的群體。
影響力強	非正式組織中若有領導，那不是靠權力，而是靠影響力來領導。
內聚力高	由於相互交往，彼此間的感情較為密切，心理上較為相容。非正式組織具有強烈的內聚力。
成員平權	組織成員之間的社會距離和差距較小。
平等交往	沒有明文規定和法律，也無地位的高低，平等交往。人們在非正式組織中彼此來往，相互瞭解，發生互動行為。
柔性規範	非正式組織具有組織成員所公認的行為規範，雖不是明文規定，但存在於每一個成員心中。

資料來源：作者整理。

　　非正式組織的存在既有其積極作用，也有其消極意義。從積極方面看，具有維護團體擁有的文化價值，提供組織成員以社會滿足感（如歸屬、認知、友誼、情感、平等……），促進有效溝通，加強社會控制，分擔正式組織責任等正向功能。從消極方面看，非正式組織具有反對變革、引起組織分裂、傳播謠言、妨礙組織目標達成的反向功能。非正式組織的存在是一種客觀現象，不能用簡單的行政命令方法加以禁止，但也不能放任自主，需要加以引導和利用。一個管理者只有當他認識到非正式組織的重要並加以有效利用時，才是一個合格的管理者。

　　在研究非正式組織的問題時，人們依據不同的標準將非正式組織劃分爲若干類型。美國學者達爾頓（Melville Dalton）按成員構成，將非正式組織分爲三類（如**表9-5**）：

表9-5　達爾頓對非正式組織分類表

類別	內涵		
垂直型	這是由同一組織中不同層級組成的。	垂直共攜集團	此種組織成員之間具有高度的依賴性，領導維護下屬，替部下掩飾錯誤，並提拔他們，部下也維護領導利益。
		垂直寄生集團	此種團體人員彼此提供的幫助並不相稱，下級人員多寄生於上級主管，只享權利而不盡義務，成員多屬主管的親戚朋友。
水平型	指由地位差不多、工作範圍相近的一群人的結合，可能跨越部門界線，包括多數部門地位平等者。	防守集團	在改變權力體系時，對某一類型人構成了一項威脅，這些人聯合起來，形成團體壓力，維護本身的地位與權力。
		攻擊集團	與防守集團不同之處是其目在於改變組織內現行不合理的現狀，採取的態度是積極影響而非消極抵抗。
混合型	由於不同地位、不同層級的人組成，常是因共同興趣、友誼、地域等因素組合而成的。		

資料來源：作者整理。

 第四節　社會組織的理論

組織理論是屬於一種系統化地認識、研究和解釋社會生活中組織現象的觀念知識，它力圖揭示各種組織發展變化的規律，目的在於對組織實施有效的管理，提高組織的效益。雖然組織現象早已存在，在歷史上許多政治家、思想家、軍事家對組織問題進行了研究，提出許多富有價值的論述，但對組織現象作系統地研究與闡述，提出較爲系統的組織理論，卻是二十世紀以後的事情。

若以時間先後順序，則組織理論的建構大致可區分爲三個時期：

一、傳統組織理論

亦稱古典組織理論，產生於十九世紀後期和二十世紀初期，其產生與工業革命要求發展新的組織形式，工業組織的興起有密切關係。主要代表人物以德國社會學家章伯（M. Weber）爲代表。傳統組織理論的主要觀點如**表9-6**所示：

表9-6　傳統組織理論的主要觀點簡表

類別	內涵
分工清晰	組織是分工體系，強調專業分工的意義。
層級控制	組織是一個層級控制體系，強調指揮統一。
權責分明	組織是一個權責分配體系，講究職責分明。
明文規範	組織是一個法令規章的體系，具有明文規定的制度、規範。
清楚目標	組織有明確的目標。
追求績效	組織活動的目的在於追求效率。

資料來源：作者整理。

傳統組織理論突出的特點在於：追求組織結構的系統化，因而十分強調組織設計、合理職責權限分配及完善的層級節制體系；追求組織運行的計劃化、標準化，強調任何工作都要計劃，處理一切事務都要依賴可靠的事實或一定的標準；追求組織管理的效率化，認為組織管理的目的在於提高效率，以最經濟的手段獲得最大的效果。傳統組織理論的缺陷在於：

1.過分強調「機械」的效率觀念，把人認為是經濟人，以至抹殺了人性的尊嚴。
2.過分注重組織的靜態面，忽視了組織的動態面；將組織當作「封閉系統」來研究，未能涉及組織內外環境的關係及彼此間的相互影響。

傳統理論的學者大多以其本身工作的環境和專業知識為基礎來研究組織問題，並試圖建立普遍適用的組織原則。

二、行為科學時期的組織理論

針對傳統組織理論和研究方法的偏失，從二十世紀三、四〇年代起，許多學者用行為科學的理論與方法研究組織現象，提出了一套不同於傳統理論的理論模式和價值體系，從而形成了行為科學時期的組織理論。這一時期的主要學派和代表人物是：梅約（Mayo）、馬斯洛（Maslow），其立論的要旨參見**表9-7**。

表9-7 行為科學時期的組織理論的主要觀點簡表

類別	內涵
完整體系	組織是一個心理、社會系統，它不僅是經濟的技術系統，同時也是人們為了達成共同目標所組成的一個完整體。
平衡系統	組織是一個平衡體系，人們參加組織並為組織作出貢獻，組織也能給他以最大的滿足。組織之所以存在和發展，就在於組織成員對組織的貢獻。兩者保持平衡狀態。
社會機能	組織中的各種行為本質上是一種制定決策的行為，組織本身也是提供合理決策的機構或制定合理決策的社會系統。
多元機能	組織不僅是在權責分配、勞動分工基礎上建立的正式的組織體系，還有人們在相互交往、彼此瞭解基礎上建立非正式組織。
相互影響	組織不僅是權責關係的結構系統，而且是人們在相互交往過程中產生的影響力系統，這種影響力貫穿於組織之內，不僅上級可以影響下級，下級也可以影響上級。
溝通系統	組織是一個溝通系統，沒有溝通的組織不能稱為組織。
協調整合	組織是一個人格整合體系，組織是由許多不同的人所組成的，不同的人格對於事物的認知、理解與解釋也不相同，故組織的衝突便會存在，組織的基本功能之一即是協調衝突，達到人格整合。
激勵成員	組織中人的行為出發點便是人的動機，為了激勵組織中人的積極性，提高組織活力，必須透過滿足人的需要等手段來激發人的動機，即實施激勵。
士氣提升	在組織管理上講究由監督制裁走向人性激發，從消極懲罰走向積極激勵，從專斷領導走向民主領導。

資料來源：作者整理。

這一時期的組織理論的主要缺點在於：

1.過分強調組織中人的行為研究，甚至根本否定組織結構及法律規章的重要性。

2.在研究非正式組織的過程中，有忽視正式組織研究的傾向。

3.研究對象雖然是組織中的人，但仍未能涉及外在環境對人和組織的影響。

4.由於重視實證、統計的研究方法，因而缺乏必要的綜合與歸納，致使研究的內容分散，理論體系支離破碎。

三、系統方法時期的組織理論

從二十世紀六〇年代起，組織理論的研究從而進入系統理論時期。強調組織是一個「結構的社會技術系統」，它由五個次級系統構成，即管理子系統、心理及社會子系統、結構子系統、技術子系統、目標與價值子系統。每個子系統雖然各有其功能，但卻相互依存，構成一個完整的統一體。主要觀點如**表9-8**所示：

表9-8　系統方法時期的組織理論的主要觀點簡表

類別	內涵
開放系統	組織是一個開放系統，與外界環境保持著物質、能量和訊息的交換。
反饋系統	組織是一個反饋系統，一個組織在實現其目標的過程中，對所採取行動所產生的效果或情勢，予以認知、判斷，根據偏差進行適當的調整或修正。
生態系統	組織是一個生態系統，必須不斷適應內外環境的變化，不斷變革和調整，從而才能維持其生存和發展。
彈性管理	組織管理的權變性，組織管理沒有永久不變的定律，要隨機應變，不可執著，組織管理的方法也是多樣化、殊途同歸。系統理論為組織研究開創了新的歷程，它促使人們從整體、系統的觀念認識現象，對組織的研究產生整合的作用，並促使組織管理富於彈性。

資料來源：作者整理。

 ## 第五節　科層制度的特質

在正式組織裡，經常伴隨著科層制度。所謂「科層制度」（bureaucratic system），是一種分層負責處理事務的安排方式，也就是各種有等級的地位與職務之關係的一個體系。這種現象在現代一般

大而複雜的正式組織，如政府、工廠、公司及大學中幾乎普遍存在。

根據韋伯（M. Weber）的論述，建立在法定權力基礎上的行政組織體系有如下特徵（如**表9-9**）：

表9-9　科層制度的特質簡表

類別	內涵
層級權威	科層體制的權力結構是一垂直的層級，權力集中在頂端。低職位者為高職位者所監督控制，有清楚的主從關係。為了要安穩而有效地執行工作，部屬必須要接受他們的薪資水準、他們的權限、責任與職務。
分工原則	在科層體制內，基於功能性的專門化，對個別成員或職位均有明確的分工，用專才來執行專門性的工作。由於能使人只負責某一種明確的工作，因此易於發揮專精的特長，而增加總生產的效率。
成文規章	用以範定每一正式職位的權責，個別成員的權利與義務；以及組織運作上，每一特殊情況的處理程序。科層組織的運作有一種符合組織目的的抽象管理原則，這種規則常是明確而成文的規定，這種規則存在有兩種目的——預測組織個人的行為和有助於組織運作的持續。
非人情化	強調組織內理性化與合理化的人際關係，成員經由正式化的溝通管道，依組織的正式規則互動，其管理係立基於書面的文件。認為私人的情感與職位分離才會產生合理的行動，而適合於完成組織的目標。
能力勝任	在科層體制內，舉凡聘僱、升遷均唯才是用，亦即使用一套一視同仁的標準，遴選知能合格者循組織的層級晉升，而不致受個人政治與社會因素所左右。
權益維護	個別成員經由能力之被認可而據有某職位後，組織以「終身職制度」保護之，所謂終身職制度就是一種對生涯事業保障的制度，使個人得免於專橫權威之恣意解職，同時也對個人在專業知能上提供保證。
保障系統	科層組織的理想特徵在於強調人員的僱用、委任與晉升，都必須依據技術的資格審查，經由一系列公平基礎的條件來評鑑資格與工作的表現，才能達成更大效率與促進合理的行為。

資料來源：作者整理。

　　韋伯相信妥善運用科層制度，將可創造出最有效率的行政組織，同時也將是組織理性之所在。儘管科層制度已為諸多組織建構的體制，然而在享有其提供的效率、非私人化、穩定處理例行工作產生極大的功能之餘，社會學家也曾剖析其對組織及個人造成的負面影響，諸如：未能完全允許個人的成長與成熟人格的發展，易養成個人的從眾性格，甚至在其潛移默化之下，個人變得陰沉、遲鈍，成為一個被制約了的「組織人」。同時，由於它未將非正式的組織以及各種突發意外的問題納入考慮，加上過時的控制與權威系統，因此往往無法掌握時效，做彈性機動的應變。

　　科層制度深入現代社會已是不爭的事實，隨著分工的細密，現代社會愈強調專業工作的重要性，兩者互動頻仍，使科層制度影響到專業工作，尤其易於大型組織中出現，至於其何以會受到社會學研究者的重視和關切，就如同帕克（R. E. Park）所析理：「科層制度所造成的官僚組織有一些反功能（dysfunction），例如：具有疏離性、非人性化以及僵硬的性質。同時引發了科層組織控制者的責任問題。甚至造成員工對工作的低度投入，以及不良的工作生活品質。這些可由頻繁的勞工轉業、曠職及罷工得到證實。」（Park, 1986）

　　尤以專業工作者往往會感受到科層體制駕馭其上，使專業人員深覺距離決策與重要訊息過於遙遠，個人在整體關係與溝通的非人性化以及形式化，形成對自由裁決與創意的侷限。此種組織運作趨向於形式化與僵硬化的情形，使技術性與專業性的員工特別有挫折感。因為依據專業人員所受的訓練，他們原先會期望自己的工作能有一些自主性。當我們的社會日趨複雜與互賴，而各組織的規模也不斷擴張時，不可避免地也就有越來越多的人受僱於科層組織。即使在過去以「自由」著稱的專業，也逃不過科層化的潮流。職是之故，更有賴我們對專業工作的科層制度加以變革。

第六節 社會組織的變革

「組織變革」是指：「組織系統為了適應組織外部環境和內部因素的變化，根據組織系統所出現的弊端，進行分析、診斷，對組織的結構、功能不斷地進行調整，改變舊的管理形態、建立新的組織管理形態的一種組織行為和管理過程。」組織變革的特點在於：

1.組織變革是組織主體主動地、自覺地使組織適應環境的過程。
2.現代組織變革是有計畫的變革。
3.組織變革是一個克服阻力的過程。
4.組織變革的方法和途徑具有多樣性。

組織變革的動力或壓力來自組織外環境因素的變化。一般而言，組織結構、組織運行、組織成員等方面的變化是組織變革的內部原因，如組織結構非合理化、組織決策緩慢、溝通不靈、效率低下、缺乏創新、組織衝突等。同時，由於組織是一個開放的社會系統，外部環境的變化必然要影響組織的變化，一個組織要求得生存與發展，就必須不斷地進行內部調整，以便有效地應付來自外界政治變革、經濟變動、市場競爭、技術進步、社會價值的改變和社會需求的壓力。組織變革的方法主要有以人員為中心的變革、以組織結構為中心的變革、以技術為中心的變革以及系統的組織變革。

一、勒溫的組織變革理論

社會學家勒溫（K. Lewin）提出的一種組織變革的理論模式。他認為組織變革有三個基本階段（如**表9-10**）：

表9-10　勒溫的組織變革的理論模式簡表

類別	內涵
現狀解凍（unfreezing）	所有的變革都會給參與變革的人帶來一定的損失，人們常會因不安全、社會關係破壞、經濟地位受到損失等原因反對變革。人們已形成的思想、觀念、態度、行為僵固不化，因此改革必須打破原有的平衡和固有模式，即予以溶化解凍。為此，必須要使個人或群體認識組織的現狀和變革的必要性，否定舊的態度和行為，同時創造心理上安全感，消除變革心理障礙。
改變（changing）	即形成新觀念、態度和行為的過程。新模式的形成主要經由認同作用和內化作用而產生，如努力保存組織成員有用的習慣、事先向成員提供有關資訊、鼓勵職工參與變革計畫的擬定與執行、提供諮詢等。
再凍結（refreezing）	利用必要的強化手段和方法，使已經習慣和實現的變革（態度和行為）趨於穩定、持久化和模式化。

資料來源：作者整理。

本理論強調以人為中心的組織變革，同時提供了以人為中心組織變革的方法。

二、卡斯特的組織變革理論

美國學者卡斯特（F. E. Kast）提出的一種組織變革的程序模式，他認為對組織本身、組織取得的成就和缺陷進行回顧、反省和檢查，並對組織所處的內外環境進行分析研究，以便為變革做準備。組織變革的步驟如**表9-11**所示：

表9-11　卡斯特的組織變革的理論模式簡表

類別	內涵
辨別問題	辨明環境，找出現有狀態和希望狀態之間的差距。在既有的基礎上發現問題，認識到進行組織變革的必要性。
解決方法	確定解決問題的方法。按照問題的性質提出多種可供選擇的方法，對這些方法進行評價，並選擇一種最優方法。
實施變革	按照選定的方法進行變革的具體行動。
進行反饋	檢查變革的成果，進行反饋，並找出以後改進的途徑。

資料來源：作者整理。

三、格雷納的組織變革理論

　　美國哈佛大學教授格雷納（E. Greiner）1967年在《組織變革模式》一書中提出的一種按權力分配實施變革的理論模式。此模式的核心在於以權力分配說明變革方式的選擇。他提出，一般組織的權力分配可分為三種：獨權、分權和授權。這三種權力分配可以有多種不同的變革方式。在獨權領導管理方式下，組織變革有下列方式（如**表9-12**）：

表9-12　格雷納的組織變革的理論模式簡表

類別	內涵
命令式	最高權力者宣布變革決定，由下級人員去執行。
取代式	更換組織中不稱職的重要職位者，以他人取代之。
分權式	團體決策的變革方式，領導擬定幾種解決問題的方案，由組織成員共同參與決定選擇哪種方案。團體問題解決式，變革方案由團體討論決定並提出解決問題的方法。在授權式領導下，將權力和責任轉交給下屬，由他們自己去解決變革什麼及如何變革。

資料來源：作者整理。

　　格雷納的組織變革強調結構變革，是改變組織的設計與技術等結構的關係，以影響組織成員的行為。在領導下，實行權力分配，即讓下級參與變革的決策。期間強調個案討論的變革方式，領導只對討論作指導，而不將自己的意見強加給團體，鼓勵成員自己提出看法，決定方案；同時，敏感性訓練的變革方式。根據許多變革的研究，發現實現組織變革成功的方式是採用分權式的變革，而不是獨權或授權方式。

結　語

　　社會組織間各部門的固定關係，固為一般所公認，但這並不是說組織是缺乏變遷的。在現代社會裡，一切社會組織，均在不斷變動，不斷發展，不斷適應。無論在功能方面，結構方面，為維持組織的繼續生存，必須隨著環境為的調適。易言之，社會組織是團體或社會內部關係的體系，其所組織的分子非彼此獨立，而是互有聯繫的。這種聯繫的性質，決定社會組織的類型。

Chapter 10

社會階層與社會流動

　　「社會階層」是以探討社會關係層級化為領域的學問，為社會學中重要的單元。因為社會階層影響人們的互動、行為模式、態度，甚至喜好等，正如同在任何場合總統出現立刻成為注目的焦點，其一言一行也備受關注，絕非升斗小民可以比擬，即是因為彼此在社會階層上的差異所導致。是以為瞭解社會現況，探求人際互動，我們不能忽略社會階層這項主題。

 第一節　社會階層的定義

　　無論任何事物的作為，若是有高低不同的等級，都可稱為階層化。其中每一等級都是一個階層。應用於社會方面，它是指一個社會中的人，按照某一個或幾個標準，如財富、權力、職業或聲望之類，被區分為各種不同等級的安排方法或狀態。

　　階級的概念與社會團體的區分或階層化有關。凡是有階級的社會，總是同時包括幾個團體的人，有不同的經濟、政治或文化地位，並且各自感覺到彼此有尊卑的差異。一個社會階級就是在一社會中有相同社會地位的一個團體。這樣的團體平常不一定在形式上有具體的組織，也不一定完全生活在一起，可是在心理上所有分子多有一種「我們」或「內團體」的觀感；在行為上的表現常趨於一致。換言之，每一社會階層通常都有它的共同習慣、態度、情操、觀念、價值及行為標準。各階層常利用某種標誌或象徵物，如服裝、徽章、權利與義務等，以區別尊卑同異。

　　凡屬某階層的人大概都知道依照某種規定方法去思想和行動，因此，階級分子之行為便有其固定性與可預測性，這對於社會秩序的維持，關係的延續相當重要，故社會階層事實上可視為社會約制的一種組織或安排。因此，社會階層的研究可以幫助我們瞭解一個社會的結

構、社會關係、權力與財富的分配、分工與合作、個人與團體的地位等現象。

社會學對於社會階層的定義通常是指：社會上對於有用的資源採取不平等的分配狀態。這其中的社會資源包括：物質資源（財富）、政治資源（權力）和社會資源（知識和文憑）等範疇。這些資源對於滿足個人需求與實現社會功能是有必要的，社會成員皆希冀獲得它們，因而被賦予特殊的價值。

社會階層既可以以個人為單位，也可以以群體為單位來界定。例如把家庭當成一個階層單位。其原因在於家庭是一個共同消費的團體，尤其是在現代社會的核心家庭中，一家人只要一個人有職業，其他家庭成員不僅分享其所得，同時分享其職業上的權力和聲望。因此，在進行階層的實證調查，通常用他現在的職業來測定；孩童的階層則用他父親當時的職業來測定；夫妻的階層地位，用配偶的職業來測定。也就是說，雖然階層地位是就個人加以界定的，但是由於同一家庭的成員具有相同的階層地位，因而社會階層分析實際上大多以家庭為分析單位。

社會階層的取得方式，大致可以分為歸屬地位與成就地位兩類（如**表10-1**）：

表10-1　社會階層的取得方式

類別	歸屬地位	成就地位
地位的形成	依據出身身分以界定其階層地位。	完全依靠自己的努力成就以達成的階層地位。
社會的變動	傳統社會因為社會流動有限，多半屬於歸屬地位。	成就地位是現代產業社會所強調，因此易給人社會變動急劇的感受。
實施的國度	印度的喀斯特制度即是強調歸屬地位的社會，每個社會成員的階層完全是由家族和血緣所賦予，且社會地位固定。	美國社會由於職業變更快速，而造成社會地位的變動頻繁，同時是根據個人於工作上的表現與成就原則來確定。

資料來源：作者整理。

 第二節　社會階層的理論

許多社會學者在考察社會階層的現象後，紛紛提出不同的理論，企圖深入描述並詳細解釋社會不平等的現象。其中較爲著稱的分述如下（如**表10-2**）：

一、衝突論的看法

該觀點是源自於馬克思（Karl Marx），強調社會的階層化，主要是因競爭社會上有限或稀少的經濟資源的結果，當資源集中於少數既得利益者的手中，因此產生不同階級之間的對立。社會階層爲一階級壓迫另一個階級之工具。階層常會埋沒一些人才，維持不平等之機會，社會階層是經濟的剝削、衝突與鬥爭，無益於社會的發展。

二、功能論的看法

社會學家戴維斯（K. Davis）和摩爾（W. E. Moore）認爲，社會階層是爲整體的社會利益所做的必要性安排，社會階層把每個社會分子分配於組成不同的地方，角色乃有重要層次的差別，角色重要者其付出之勞力、技術亦較多，但每一角色皆不可或缺，整體功能始能發揮。社會中須有報酬的系統，誘導個人占有位置，報酬方式因位置分配不同，社會必須有階層，否則無法有效發揮作用。即不同職位有不同角色與不同報酬，階層依這種理論而言是有利於社會，因階層具有共同的價值系統，依角色而獲不同報酬，鼓勵最有資格的人做最重要的角色或工作，因此不平等的報酬是需要的。

表10-2　功能論及衝突論對社會階層的看法比較表

功能論	衝突論
1.社會階層是必需且無可避免的。	1.階層是非必需亦非無可避免的。
2.社會結構型態是階層型態。	2.階層影響社會的公平運作。
3.社會階層是由多項因素導致而成。	3.經濟為社會階層區分的主軸。
4.階層是回應社會的重要而產生。	4.階層因競爭、對立、衝突而產生。
5.階層激勵了社會與個人的功能。	5.階層阻礙了社會的人際互動功能。
6.階層反映社會中不同團體的共享價值。	6.階層反映社會團體的偏好和價值。
	7.權力是掌控於少數人手中。
7.權力是社會階層中必要的機制。	8.階層影響了酬賞和資源的公平合理分配。
8.不同層級享領不同資源是合理的。	
9.階層可經由漸次的改善而達到公平。	9.階層結構須由革命來澈底改變。

資料來源：作者整理。

三、韋伯的多層面階層化觀點

　　韋伯（M. Weber）指出，階層化是由階級、地位以及黨派等三部分所組成，其中階級是指具有相同經濟地位的一群人，這一群人從勞動市場中爭取階級的排行。

　　地位團體指擁有相同聲望或生活方式的一群人。在他的分析中，聲望或生活方式因為涉及社會層面，所以可以稱為社會地位。

　　權力是影響他人的能力，它反映政治層面。舉凡政府官僚、大公司行號董監事、高級軍事幕僚或各種利益團體等，均是具有特殊影響力的集團，它們全屬韋伯所指的「黨派」。這些集團是權力的來源。擁有權力者即取得政治地位。

　　根據韋伯的觀點，一個人在社會中的地位不是只有一個等級，而是三個。財富、聲望及權力是界定社會階層化的三個層面，並且為評定社會地位的主要依據。因此，一個人的實際地位反映在三個層面的組合。在評級上，三個層面傾向一致，不過，它們可以獨立地運作而決定一個人的地位，其中權力最具有決定性。

四、索羅金的階層化觀點

社會學家索羅金（P. A. Sorokin）提出了著名的社會階層理論。索羅金認為社會階層是由三個部分所組成：

1. 依據個人擁有的財富及其貧富差異所構成的經濟階層。
2. 依據一個人在社會結構下所擁有的權力、聲望、名聲和職稱，或是統治或被統治來分別區隔的政治階層。
3. 依據個人所擔任的職稱、地位，是否具有名望、是否有權威而加以區隔分別的職業階層。

五、賴特的階層化觀點

美國社會學家賴特（E. O. Wright）以是否持有貨幣資本、物質生產工具及勞力等經濟資源的控制權而區分為三個階層：

1. 資產階級：控制上列三者。
2. 勞動階級：上列三者全無法控制。
3. 矛盾階級位置：介乎前二者之間，如白領職員和專業人員，既不是資本家，也不是工人。

六、帕金的階層化觀點

英國學者帕金（Parkin）創造社會閉鎖和階級閉鎖二名詞。財產、族裔、身分、語言及宗教等都是社會閉鎖的形式，可作為超越他人的權力基礎。階級閉鎖則指團體排除或限制別人控制或接近資源的過程。

此外，帕金也指出，排斥和霸占涉及社會閉鎖。排斥的目的在阻止他人接近有價值的資源，而霸占則指劣勢者企圖奪回以前由他人壟斷的資源。

七、米爾斯的階層化觀點

美國社會學家米爾斯（C. W. Mills）鑑於今日大型科層組織的權力或權威落在少數位尊權重的精英手中（大公司股東只有所有權，而沒有控制權），因而主張階層化的基礎來自於資源控制的經濟關係。

八、達倫道夫的階層化觀點

德國社會學家達倫道夫（R. Dahrendorf）強調權威關係造就了階層化。這裡的權威是指合法使用權力的能力。他提到優勢者合法地取得權力，而強迫其他人順從。因此，在達倫道夫看來，階層化是採取強制手段的體系，權力和權威則是體系中用來控制人們的行為。

九、倫斯基的階層化觀點

美國社會學家倫斯基（G. Lenski）從宏觀的歷史角度來考察人類社會文化的發展。他發現不同的人類發展階段，會出現不同的階層體系。不平等的分配導致社會緊張和衝突，但是卻有助於社會運作。

此外，他認為不平等不一定會隨工業化而加劇。因為隨著工業科技的進展，生產力增加，貧苦大眾的生活水準提高，專業技術工作也鼓勵就學，消除許多文盲。識字人口增加之後，可以在政治上有較大的聲音，不平等的現象因此得以消減。在科技進一步發展之後，許多人由藍領工作轉換到白領工作，使生活境況獲得更大的改善。此外，

工業化削弱了男人主宰女人的力量，兩性關係比以往更傾向平等。

 第三節　社會階層的測量

社會階層的區分是多元的，包括財富、聲望、權力等，因此為期對社會階層有進一步的瞭解，常運用的探究方法有「生活方式法」、「社區聲望法」、「主觀計量法」、「職業聲望法」、「多項指標法」等。

一、生活方式法（the style of life approach）

美國社會學家何奇士（Harol M. Hodges）引用韋伯的生活方式指標，建立起「生活方式法」；這是一種使用最複雜及廣泛的階層測量法。該測量包括：互動模式、象徵式財產及象徵式活動等。因為社會互動通常只會發生在相同階層的人群；不同的社會層級分子，可使用某些項目以劃分彼此。

本測量法的優點就是它的實用性。我們可將互動關係、象徵式財產及象徵式活動列表，就可計算出個人或團體的地位指數，而在量度上訂出社會等級。但使用上若社會變遷快速時，須不斷地加以調整修正計算的量度，方能為準確的測量。

二、社區聲望法（the reputational approach）

社區聲望法是經由社區中具有豐富知識的人來評審社區分子的社會等級。此方法認為：一個社區的成員，基於其對社會地位的私人經驗，有第一手知識。由於其不涉及統計，而可節省許多的時間與工

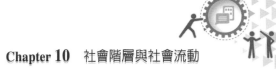

作。但是能遴選適任的社區代表以進行評量的確不易，另外評審者要瞭解大社區的每個人是較爲不易的。

三、主觀計量法（the subjective approach）

主觀計量法認爲，由於個人最能夠瞭解他本身在階級系統中的適當位置。因此，要求受訪者評審他們自己的等級。這個方法的優點是可用於研究較大團體、節省時間而且方法簡單。但其缺點爲人們對自己在社會階級系統的位置，可能有錯誤的認知。

四、職業聲望法（the occupation approach）

由於考量職業是一種社會實體，它對社會地位具有直接的意義。因而使用職業作爲測量階層位置的一種指標。其優點就是可對複雜實體從事單一因素測量，但是具有將職業與地位等量齊觀的危險。

根據文崇一、張曉春兩位教授於民國六十八年進行「職業聲望與職業對社會的實用性」研究，測量出當時一般人對職業的觀感，其中排行前十名分別爲：省主席、教授、科學家、大使、大法官、國大代表、直轄市長、立法委員、軍官、監察委員。至於，最末的五名爲：風水師、女佣人、算命仙、舞女、茶室女。

瞿海源教授於民國七十四年所進行相關研究，列名前十位的職業爲：教授、省主席、法官、省議員、大企業家、醫生、立法委員、中學教員、律師、銀行經理。後五位爲：店員、攤販、工廠女工、工友、理髮師。

自這些不同年代的調查研究中，不難發現隨著社會價值觀的改變，職業聲望業有所變動。

五、多項指標法（the multiple approach）

為能周密地探求社會階層社會學中運用上述兩種或多種方法，當發現它們之間有一種高度相關存在，則會產生更可靠與更有效的資料，以減少社會階級之單因素測量所引起的偏見。

社會階層本身即蘊涵著種種高低不等的排列，而不平等是多方面的，且又是複雜微妙的。在工業社會裡，不平等更是錯綜複雜。通常而言，社會階層的主要層面包括經濟、政治、社會此三方面的不平等，表現於所得、聲望和生活方式的差異性。

經濟方面的不平等，從總體方面而言，即是探討國民所得分配不均的程度；從個體方面而言，即是探討個人所得差異的程度。

一個人在某一時候的所得，是指在財富維持不變的情形下，他所能花費的總額。所得的種類很多，最通常的是薪資收入和薪資以外的種種福利、投資等。為了瞭解所得的內涵，經濟學家也發展出來一些專門測量所得不均的方法，這些方法中，最主要的是「分位法」和「吉尼係數」（Gini Coefficient）。

所謂「分位法」，是將全國的所得依照所得高低分為幾個等份，最常用的是分為五分位，每一分位的戶數各占總戶數的百分之二十。第一分位（最低平均所得組）與第五分位（最高平均所得組）兩組所得相差的倍數，就是一般所謂高低所得之差距倍數。差距越小，表示財富分配越平均。至於吉尼係數愈高，即表示所得愈不平均，反之，則愈平均。

從所得分配而言，所謂不均，主要有三種型態：

1.有錢的太有錢，占國民總所得很高的比例。
2.貧窮的人太貧窮，因而與其他較高所得組有相當大的差距。

3.中間所得組的人口數過少,使社會上的大部分人口,不是貧窮,就是富有。

而造成所得分配不平均的因素,不管其型態為何者,經由社會學研究發現,通常可歸納為三類因素,即經濟因素、社會文化因素和政治因素(如**表10-3**)。

表10-3 造成所得分配不平均的因素簡表

因素	內容
經濟因素	1.國家天然稟賦不同而造成所得分配的不平均。 2.財稅制度不完善造成所得分配的不均。 3.各部門(農業、工業、礦業等)的生產率不同,造成所得的不同。 4.人口的多寡影響國家的生產率、生產型態和消費市場,造成所得分配不均。
社會文化	1.人力資源的改進程度。 2.都市化的程度。 3.中產階級的重要性。 4.社會流動的情況。 5.種族與文化的異質性。
政治因素	1.政府直接參與經濟活動。 2.人民政治參與程度。 3.工會力量的強度。 4.傳統精英分子的強弱。 5.政治領袖是否致力於經濟發展。

資料來源:作者整理。

根據研究社會階層的美國學者摩理斯(J. Morris)強調:影響所得分配最重要的六個因素,依先後秩序分別是:(1)人力資源的改進;(2)政府直接參與經濟活動;(3)社會經濟的雙重現象;(4)經濟發展的潛能;(5)國民平均所得;(6)工會的強度。

第四節　社會流動的意義

在社會學中首先對社會流動進行系統性研究的為索羅金（P. A. Sorokin），他認為社會流動所指稱的是，「個人的地位從一個階層改變到另一個階層的過程」，亦即社會位置的變更。

社會流動有三種不同的現象，即水平式社會流動、垂直式社會流動和世代間式社會流動（如**表10-4**）。

表10-4　社會流動有不同的現象簡表

類型	內容	例子
水平式社會流動	水平式流動是指在相同的社會階層但是不同的團體間的移動，在階層上並無差異，只是服務單位不同。此種調整，對當事人的影響不大。	由教育部部長轉為內政部部長。
垂直式社會流動	由於垂直式流動影響一個人的社會階層是具體而明顯的，因此往往使當事人需要重新調適新的環境和作為，又可分為上升性的流動和下降性的流動。	上升性如次長升任為部長，下降性如總經理貶為職員。
世代間式社會流動	是指不同世代間社會階層的改變。由這項改變可以看出社會開放的程度，人凡一個愈先進的國家，多能提供各種管道以促使人們改變其社會地位，只要一個人有努力的作為，可在合法的保障下取得社會階層的晉升，當然原有階層在快速變遷的環境下亦非終生的保障，即表示出社會階層在不同世代間的變化，當變化愈快代表社會開放程度愈高，愈能鼓勵社會成員對自己的作為和努力成果負責。	農夫之子可以貴為國家元首，部長子女也可能是升斗小民。

資料來源：作者整理。

 # 第五節　社會流動的模式

一、社會流動模式

社會流動可依不同的社會結構，而建立起下列三個典型的社會流動模式：

(一)封閉式的社會流動模式

社會流動在傳統的社會裡，頗為不易，尤其是社會地位的提升，一個平民要變為貴族是絕對不可能的事，因為社會呈現的是靜止的，社會地位有固定的組織，沒有特殊原因是不會變動的。例如：印度的喀斯特（Caste）社會，把社會成員區隔為婆羅門、剎帝利、吠舍、首陀羅（即奴隸）與賤民等五種階層，階層與階層之間嚴格禁止社會流動，並且嚴禁彼此通婚，所以在這種社會之內，完全由血緣決定社會地位，皆屬固定的層級，並且無世代間的變化，這種社會的流動模式，毫無垂直的流動，至多只有部分的水平流動。

(二)開放式的社會流動模式

在一個現代化的開放社會中，因交通的便利，職業機會的擴大，個人的地位不像傳統社會，受到種種的阻礙；經由自身的努力，成功的命運操在一己的才能和對社會的貢獻。是以，社會對各種不同的職業等級訂有不同的報酬標準，報酬的高低是吸引人的因素。要獲得較好的報酬，必須具較優的能力。具有較好的報酬必然易於到達較優的地位，能夠獲得較優的地位，是競爭的結果。工業社會給人們在職業

上較多的競爭機會，使社會流動的情形，增加了變動的速度。社會充分允許人們改變其階層的可能性，因此階層與階層之間的地位改變較無限制，同時類屬之間的流動極為頻繁。換言之，開放的社會，不僅有水平的社會流動，更有垂直的社會流動及世代間的流動。

(三)折衷式的社會流動模式

折衷式的社會流動，指的是在一個社會中並非全部開放，也非全然封閉，而是部分階層可供人們自由競賽獲取，部分地位則係基於特殊血緣亦可擔任，例如：中國傳統帝制社會，皇帝之下有諸侯，皆為世襲，故一般平民無法爭取到這個階層，而其下為士大夫，由科考延攬，平民可經由考試而進入此階層。故其社會流動的模式是在士大夫階層之下各層形成開放式流動模式；諸侯和士大夫之間，無法有垂直的社會流動，形成喀斯特流動模式。至於士大夫以下則為開放的社會流動模式。

二、影響社會流動的因素

由社會流動的定義和性質可知，愈屬現代化社會愈尊重並肯定個人努力成果，因此社會流動的管道愈多，影響社會流動的因素可歸結於：

(一)教育因素

在各項流動因素中教育的提升是最有助於垂直流動的管道，如謀職要靠學歷文憑。同時教育所獲得的知識也是社會發展的基礎，因而學歷高容易尋得更好的工作，因此社會的職業結構愈複雜，其依賴教育程度也愈深。

(二)成就動機

個人的成就動機,是一個人追求自我成長和期待成功的慾念,亦即當成就意願高,則會朝著目標努力以赴,促成向上的流動性。

(三)人口因素

社會中各階層人口的變異並不一致,當某階層人口有不足現象,可由另一階層者來取代,如生育率低人口少會影響此一階層的結構。若出生率提高或死亡率降低,個人向上流動的機會即減少。除此之外,正如同索羅金所強調:移民、生育率的高低、死亡率的高低等人口因素,皆會造成社會階層的改變。另外,如同農村人口逐漸移向都市,亦影響社會地位的流動,並可激發當地人民向上的流動。

(四)社會分工

在高度分工的社會裡,職掌類屬也隨著科技改善和環境變動而有改變,亦牽動著社會階層的變化。而現代社會中由於專業化程度和技術訓練要求增高,在隔行如隔山的情形下,社會流動的情形已異於往昔。

(五)技術變遷

技術革新不僅改變社會結構,亦可改變社會階層。由於技術變動改變職業結構,吸引某一階層人口至另一階層。例如:在已開發國家由於技術改變,大量湧入白領階級,當白領階級人口增加時,亦增加社會的流動性。

(六)變遷速度

社會變遷激烈的社會，社會流動的限制較少，個人向上或向下的轉移容易，因此加速了社會階層的變化。例如：工業革命造成迅速的社會流動。

(七)機會結構

社會流動最有效之力量為機會結構，在封閉社會中階層流動的機會低，在工業社會中各階級的流動機會增大，因此強調「將相本無種，男而當自強。」相對的，在農業社會則流動性小，使得社會的穩定性高。

(八)種族因素

社會中存在種族偏見，明定某一種族不得擔任某部分的職業，同樣也會阻礙社會流動。例如過往南非種族歧視的情形，將會影響不同種族者社會流動的機會。

社會問題與社會控制

　　社會問題是指「能影響到相當多數的人們，並被視爲是不欲的一種社會情境，同時對此情境，人們感覺到是可以透過集體行動來加以解決者」（Horton & Leslie, 1955）。一個社會所出現的問題，之所以被當作「社會問題」，是因爲社會的大多數成員認爲：導致問題發生的根本原因，在於社會，而它的解決，必須要謀求整體社會的努力。

第一節　社會問題的定義

　　及於根據Fuller和Mayers對社會問題的定義，他們認爲「一個社會問題即是：一種被相當數目的人們認爲是與他們所持有的某些社會規範產生了偏離情形的狀況。是故，每個社會問題包含著客觀條件和主觀定義。所謂客觀條件即指：可由公正、經由訓練的觀察者確認出其存在和數量（比值）的可驗證情境，如國防狀況、出生率趨勢、失業率等；主觀定義則指：某些人體認到某種情況對其所持有的某些價值造成了威脅的情形。這種偏離情形只有靠眾人集體的行動才有去除或改善的可能，單憑一個或少數幾個人是無法做到的」。就此定義，我們可以歸結一種社會現象是否被視爲社會問題（如**表11-1**）。

表11-1　社會問題的界定簡表

項目	内涵
違反規範	這個現象違背了某些公認爲良好的社會規範或價值，或觸犯了某些人的利益。
影響發展	這個現象爲大多數人認爲是普遍存在於社會結構中的問題，且其嚴重性持續一段相當長的時間，可能對許多人產生不利的影響。
大眾責任	在絕大多數的情形下，這個現象的發生非由個人或少數人所應當負責的。
共同解決	對此現象，人們有加以改進或去除的意願，並相信有可以改進或去除的可能，但是改進或去除並非一個人或少數人可以做到的，必須透過某種集體行動的方式才可能達成。

資料來源：作者整理。

這些發展的方向將使得社會學的知識不斷地推陳出新，並且足以對人類社會提供更為具體的貢獻。

第二節　偏差行為的性質

社會問題與偏差行為關係密切，所謂的「偏差行為」（deviant behavior）通常指的是：「在一個社會或文化體系之內，有些共同接受或承認的行為標準，凡脫離這個標準或與它衝突的行動，通稱之。」易言之，偏差行為是指該行為的表現，不能夠得到廣大的社會與社會各團體所接納，脫離了文化所能夠容忍、支持的標準，所顯現的行為。判定偏差行為的標準，是隨社會規範及文化類型而有多少的不同；例如中國人重視孝道，不孝養父母的行為，便被認為偏差行為。但在個人主義思想十分發達的社會，例如美國，不奉養父母，並不認為是偏差行為。各種形式的偏差行為，其意義是隨著所在地區或團體的社會規範而變動的，一種行為被團體察覺為偏差行為時，必然根據此一團體所訂立的社會規範去量度它。因此，可能發生社會制裁或控制的力量。

寇恒（A. K. Cohen）認為：「違反社會制度所期許的行為，就是偏差行為」，而所謂「期許」就是一個社會體系內認為合法或正當的意思。偏差行為的評量標準，以往係比照習以為常以及大致能夠接受的平均類型，而以是否屬於例外的情況來判定。但是，在現代社會，則演變為在大社會以及社會各種團體中，它的行為表現是否受到大多數的成員所接納而定。

換句話說，是由是否違反制度化所期待的標準而評定是否無偏差行為。由此，可以理解的是，偏差行為具有相對的意義，隨著社會與團體性質的不同，判定偏差行為的標準當然也呈現相異性，再者，這

些偏差行為的認定，即使是在相同的一個社會當中，也由於時局的變遷、時代的不同，它的認定標準亦不相同。

偏差行為是對社會既有規範的背離，因此持續性或牽涉廣泛的偏差行為對社會上就會有若干的反效果。包括：

1.妨害人類彼此之間的互動系統。
2.影響團體中他人遵守規範的動機。
3.降低團體生活所需的互信互賴。

儘管偏差行為的存在會影響到社會的運作，但從某些角度來看，偏差行為仍可能有若干的社會功能。包括：

1.有助於澄清及界定社會規範。
2.會增加團結，以促使採取共同行動以控制或抑制偏差者。
3.可能使人警覺到舊有的規則未必適當，產生改變規則以帶動社會變遷。
4.使未偏差的人得到某種慰藉，大家遵守規範的動機就會加強。

第三節 社會問題的理論

社會問題的理論，來自於社會學家對社會問題的探究。多年來社會學家對社會問題提出的研究觀點頗多，彼此之間也有相當差異。這是因為立足的角度及採取的觀點不同所致。

我們可以說社會問題也就是一種社會關係的失調。由於社會的存續與發展，是建構在社會中各單元的和諧互動，並完全發揮其機能，此種關係如果因道德價值的改變、社會制度的變遷，而有所破壞，各部分不能發生適當的作用或相互矛盾，因而妨害整個或部分的順利進展，就成為社會問題。為了說明社會問題，社會學者建構了社會問題

的理論。多年來社會學家對社會問題提出的研究觀點頗多，彼此之間也有相當差異。這是因為立足的角度及採取的觀點不同所致。本節引介較為著稱的數端，以供學者參研。

一、文化失調論

美國社會學家烏格朋（W. F. Ogburn）認為人類的生活是由物質文化和精神文化所組構而成，但是，文化進展速度有快慢的不同，一般是物質文化比非物質文化進展為快，於是彼此之間有失調或不能適應的現象，便產生了社會問題。此種現象也就是文化失調（cultural lag）。

二、社會價值衝突論

美國社會學家傅拉式（R. C. Fuller）主張：所謂價值係指一特定社區的標準、理想和信仰，至於社會問題，卻是任何客觀的社會情境依許多人的社會價值來判斷，是要不得的或有害的。因為社會中各團體的人，有不同的價值，它們對某種情境的判斷，有見仁見智之別，便發生了觀念、價值和行為上的歧異，而所謂社會問題，事實上就是價值的衝突。例如：勞工問題的產生，係由於資本家和工人階級之間價值或利害關係的衝突。

三、行為迷亂論

法國社會學者涂爾幹（E. Durkheim）認為：行為迷亂是指社群中人們無視規範的一種狀態，這種狀態造成人們希望喪失、目標喪失、不安、自我疏離。他發現，在經濟快速發展，個人的欲望直線上升，

以往漸進式的提高生活水準方式，已不能讓人群感到滿足，因而指出，此種無限的欲望提高，趨使人群為著能夠得到滿足，而破壞了社會原本具有的社會規範，因而造成社會問題。另外，突然的遇到不景氣、地位、角色的快速變化等，社會對於個人的欲望所產生的控制力亦會喪失，規範對於社會控制功能顯現不足，皆是形成社會問題的主要原因。

同時，美國社會學家墨頓（R. K. Merton）則援用這項觀念認為：由文化所制度化的成功目標，與由社會所結構化的達成手段，兩者之間，產生不和諧的狀態。即某種目標受到多數的人所強調，但與達成此種目標的手段之間，不能夠保持均衡的關係，這種人群漠視社會規範，而使得規範衰敗，所呈現的社會問題，即是行為迷亂。

四、社會解體論

顧里（C. H. Cooley）認為所謂社會解體，為人性與社會的諸制度之間不能夠調和，因此，社會秩序與規範，呈現缺憾的狀態。社會解體是為現存的社會行動基準，對各個成員所產生影響力的減退，成員之間呈現強烈的反社會態度。由於以往所具有的社會結構呈現崩壞，社會對於成員所採取的社會行動基準影響力減少，人群具有濃厚的反社會態度，大眾缺乏遵守社會規範的共識。

再者，在此種解體的狀況下，社會的種種構成要素，即目標、價值標準或規範、行動模式、社會資源等相互之間，存在著不均衡的關係，全體社會、區域社會或社會諸集團的功能產生障礙。在解體狀況的社會與團體當中，由於既有社會的整合功能出現障礙，因此，人群的不滿（discontent）、挫折（frustration）、緊張（strain）以及相對剝奪感（relative deprivation）等特別的動機容易產生，這是導致社會問題產生的主要因素。

五、文化衝突理論

美國社會學家塞林（J. T. Sellin）認為，不同的團體有不同的行為規範和價值。因各團體享領不同的文化，因此產生了文化衝突。例如：移民或區域性的遷移，因與原屬區域文化不同所產生的結果，常會因為文化衝突導致社會問題的出現。

六、標籤理論

「標籤」的觀念，首先由黎默特（E. M. Lemert）提出，並由貝克（H. S. Becker）衍生說明。貝克說：「社會團體經由制訂規範而同時創造偏差，因為遵奉規範的反面即是偏差；應用規範來界定某些人，並指稱他們為邊際人。偏差不全是個人行為品質所決定的，而是他人應用規範及制裁違犯者的結果。」依據這一觀點，倘使一個人的偏差被發覺，且不被原諒時，他就變成為被扣上標籤的偏差者。因此，他被迫接受團體所指派的偏差身分與角色。這個情境本身對個人有嚴重的影響，它會促成一種「自我實現的預言」。實際上，這個偏差的標籤或身分使個人成為「邊際人」，因此造成對社會規範的抵觸和違背。

 第四節　社會問題的控制

社會控制原意是指社會經由各種規範來控制人的偏差行為，限制人們發生不利於社會的行為。現在通常把運用社會力量使人們服從社會規範、維持社會秩序的過程，都稱為社會控制。

社會控制是整個社會或社會中的群體和組織，對其成員行為是否符合社會規範進行指導、約束或制裁；社會成員之間的相互影響、相互監督和相互批評，也是社會的控制過程。沒有社會控制，就沒有正常的社會秩序和穩定的社會局面。

社會控制的形式很多，概括而言，有強制性的社會控制形式，如政權、法律的紀律等；觀念性的社會控制形式，如習俗、道德、宗教等，以及自我控制形式，即人們透過社會化過程而樹立的世界觀、社會集體意識，自覺地運用社會規範來指導和約束自己的行為。社會輿論是社會控制的一種重要工具。各種控制形式，構成了社會控制體系。每一種控制形式在社會控制中都占有一定地位，產生不同的作用，其中強制性的控制形式，占有主導地位和作用。

社會問題足以威脅社會的發展，不僅為社會科學研究者所關懷，並且企圖加以調整改善。就該問題的解決大致上可分為下列方式：

1. 在社會快速變遷情況下，運用理性態度探求人類的生活與社會環境中所呈現的事實與問題，並為妥善的設計與規則，圖謀社會各方面的均衡發展，才能使社會轉向新的發展價值和目標。

2. 社會問題的發生，具有連鎖性及循環性的現象，其因素非常複雜。所以必須先就病象事實及其內外在因素從事調查研究，並擬訂政策和計畫，進而推行積極性的改善措施。亦即，當社會問題的癥結被清楚地瞭解其性質、範圍、原因及影響後，便宜提出具體有效的辦法，俾為改善的依據。

3. 社會政策與社會立法的協調與配合，亦即解決社會問題的必要條件，如社會立法的順應實際需要、社會政策的健全完整、社會工作的專業化等，皆能助益於社會問題的解決工作；同時，必可減少許多原則性和片面性的行動，來影響預期的成效。

4. 社會問題之妥善與適當的解決，必將避免社會病態現象的重現，以及減輕威脅人類社會繁榮與進步的阻力，共謀維護人類

　的尊嚴、權益與正常的生活，增進社會的和諧發展。

5.社會問題是與整個社會有關的，要澈底圓滿解決，必須借助社
　會的力量及各方面之合作，方能克竟事功。

　　總之，就社會學的觀點，中外古今任何社會幾無可避免會有社會
問題的存在。此誠如美國社會學家尼斯比（R. A. Nisbet）所言：「不
管社會是多麼簡單和穩定，沒有可以完全免除社會的失序、偏差的困
擾。從人類行為的比較研究中，我們可以清楚看出，只是這兩類型的
社會問題及其強度，常因文化的差異和時代的不同而略有差別而已。
甚至，有些社會學者還以為社會失序和偏差是相當正常的，它對社會
生活的日常運作還具有其功能。」（Nisbet, 1969: 14）

　　「社會政策的原意，乃在解決社會問題，促進社會改革。簡言
之，社會政策就是處理社會問題的對策。」（洪旋德，1997，P.4）
因此，根據行政學者賽蒙（H. A. Simon）的說法：「社會政策的制
定過程首先需要瞭解社會問題，方能有效控制並且解決該問題。」
（Simon, 1960: 112）社會問題足以威脅社會的發展，不僅為社會科學
研究者所關懷，並且企圖加以調整改善。

結　語

　　社會學家孫末楠（W. G. Sumner）說：「民俗締造了真理，因此好與壞，或對與錯的概念，乃是靠社會秩序體系中流行的規範和具神聖意義的民俗來界定。」換言之，諸多社會現象和人類行為「好壞」、「對錯」、「善惡」的判定，是與判定者的經驗、價值、觀念、利益，以及當時流行的規範有著密切的關係。

　　對社會問題的界定而言，具有主觀上和客觀上的認定。所謂客觀上的認定是指：部分的社會成員，其行為結果的內涵違背了某些道德、價值標準或是利益。該問題的嚴重危害性為有識之士、社會大眾所注意，成為公眾論題，最後由特定的組織及制度來處理。至於主觀上的認定則係來自個人的意念及價值；由於人類表現在社會階層、群眾、利益、權威和知識程度等方面的差異，人們的道德、價值和觀念也可能隨之不同，因此對於一個社會現象的「問題感」的體認和確立也有了差別。

Chapter 12

社會變遷與社會發展

 第一節　社會變遷的意義

　　所謂「社會變遷」，一般是指「為既存的社會結構，隨著時間的改變，受到內在的或外在的各種因素的衝擊，以漸進或激烈的形式，出現部分或全體的變化」。亦有社會學家將社會變遷界定為是人類文化因素和社會組織型態的改變。由於社會各部門逐漸累積的變化，使得社會結構本身出現和以往不同的顯著改變。一般而言，社會結構是由各個部門組合而成。由於社會各部門是彼此互為關聯，因此構成社會部門的任何一個因素變動時，往往直接或間接的影響到其他的部門。如果此因素的變化速度太快，致使結構間形成不良的整合，則會使得社會上大多數成員的生活出現無法適應的不良後果，由此導致社會結構解體的現象。

 第二節　社會變遷的類型

　　由於每個社會的特性不同，加以所屬環境的因素不一，造成有不同的變遷類型，這些類型可歸納如**表12-1**。

表12-1　社會變遷的類型簡表

型態	內涵
發展型	早期的人類僅靠狩獵和採集的方式，獲取食物以維持生活，由於所獲取的食物有限，為了能夠餬口，四處謀生，居無定所。與今日高度發展的社會呈現顯著的對比。此種情況是人類社會不斷發展的結果。
停滯型	直到現在，世界上尚有一些仍然還停留在農業社會的階段，甚至還停留在原始社會的階段。說明社會發展的遲滯型態。
衰退型	社會發展到較高水準之後，由於社會的惡化，導致衰退的現象又回復到較低層次階段，此種變動的形態，在歷史上屢見不鮮。

（續）表12-1　社會變遷的類型簡表

型態	內涵
循環型	根據索羅金的說法，一個社會歷經發展、停滯、衰退的過程，此種過程仍然會在另一個時期重複演化這種現象，這代表著社會的循環型態。
改革型	經由考察社會發展趨勢，預估大眾需要，經由人為有計畫的引導，以漸進方式促使社會往人群期待的方向前進。
革命型	社會變革時是為對於既存的社會機構，從事根本而且全面性的改變。以促使支配秩序的交替，因此與改革有別；其特性是暴力的、突發的、激烈的、非法的。

資料來源：作者整理。

 第三節　社會變遷的導因

一般來說，一個社會文化為何會發生變遷有諸多的原因，例如：環境、人口、社會、戰爭、信仰、價值、規範，或是來自工藝技術等因素所引起。

一、環境因素

社會的存續與外在環境息息相同，因此當環境變動自然造成社會的變遷，一般而言，環境的變遷包括自然的事件與人為環境的突變，例如災難、氣候改變、資源殆盡及其他的改變。這些因素對於人類社會的形成與變化會產生影響。

二、人口因素

由於社會的組成是來自所屬的成員，因此人口是導致社會變遷的主要因素。人口的數量及人口分布和人口組合，影響著人際之間的

互動，資源的使用和分配。因此當人口有所變動時，則整體社會也將隨著變遷。涂爾幹稱：「文明的本身，爲諸社會的容量與密度出現變化，所產生的必然結果。」便是最佳的寫照。

三、經濟因素

馬克思（K. Mark）認爲：人爲了維繫生存是需要靠物質，物質的生產與分配是經濟因素。是以，經濟因素一直被認爲是對社會變遷最具影響力的因素，因爲物品的生產、分配、利潤分享方式對人們生活方式有深遠的影響力。

四、精神因素

聖西門（Saint-Simon）認爲社會的形成在於人類的精神，人類社會秩序的改變是透過精神的變化而進行，他認爲人類精神法則支配一切。其弟子孔德（A. Comte）繼承其思想，認爲人類的歷史，是受到人類精神的發展所支配，在人類歷史中發現，精神對於社會變遷的引導是基於主導地位。

五、文化傳播因素

一個團體受其他團體或文化傳播的影響，是促使社會變遷的主要因素。文化接觸是變遷的最普遍原因，當文化內涵從一個社會擴展到另一個社會時，亦會對社會造成衝擊。

六、競爭因素

任何一樣為人類所需要的東西若供不應求，必引起競爭。由於競爭便產生社會互動、社會結構的改變。他將競爭的種類依其目標分為十種型態：「經濟的競爭」、「政治的競爭」、「軍事或武備的競爭」、「種族或人口的競爭」、「宗教的競爭」、「文化的競爭」、「美術的競爭」、「體育的競爭」、「社交的競爭」、「配偶與愛情的競爭」。

再者，社會資源的不足亦為促使社會變遷的一項因素，每一個社會對資源的供應和分配都有一定的規範，但是由於資源有限，人類的欲望卻無窮，在此情況下，社會資源總是供不應求。因此，社會裡總會出現認為自己所擁有的資源，是相對稀少而感到憤憤不平者，對現有的規範和制度進行挑戰，這種挑戰乃導致社會變遷。

七、迷亂因素

社會學家墨頓（R. K. Merton）認為迷亂（anomie）係來自社會目標與達成方式兩者之間的矛盾或差距。社會訂立了某種目標讓人們去追求，可是社會所允許的方式卻不一定讓每一個人都能得到該目標。因此，將使得有理想但達成目標手段不足的成員，採取社會不能認同的手段，其結果將導致社會變遷。

八、工藝技術因素

麥凱佛（R. M. MacIver）認為近代社會的重要問題，全受技術變遷的衝擊而出現，或至少受其影響。法普（P. Farb）更把歷史上人類

的幾項重要工藝技術的發展列表，用來說明工藝技術造成人類社會發展和變遷的事實。

 第四節　社會變遷的理論

社會變遷的形態，受到地區的特性，不同的時代，而呈現不同的風貌。儘管如此，一個社會所出現的變遷過程與方式，由宏觀的角度來看是具有普遍性。而說明這些變遷的普遍原理，即為社會變遷理論。

一、古典社會學家對社會變遷的理論探討

(一)聖西門（Saint-Simon）

聖西門提出了人類的進步是個「有機年代」和「批判年代」間的動態交替過程，前者指的是穩定而建設性的時代，後者指的是兩個「有機年代」間的過渡時期，這兩個年代藉由相反相成的兩股力量作螺旋式的上升。聖西門堅信科學能征服未來的不確定性，而帶來人類的幸福。社會演進的法則是可循的，隨著人類知識、智慧、信仰的發展，人類的社會組織也會隨著變動，而十九世紀的人們最重要的工作就是建構起新型態的社會組織（也就是工業社會）來相應智識、信仰發展中科學實證主義的出現。

聖西門相信以知識技術超越自然的限制是人類的使命，希望能創造出一個穩定文明，而以科學為其宗教。為達此一目的，他建議以教會的模式作為基礎，創立科學教士，由他們來促進政治正義，分配社會的財富。聖西門亦強調權威必須建立於科學專長、社會計畫、專家

決策等知識因素上。新社會將是由「原理原則」來加以統治。準此而論，聖西門表現出下列幾個觀念：

1.科學將成為一個新的主宰力量。
2.社會變遷是進步的，必然走向工業社會。
3.來未的社會必然是一個以技術專家為主導的社會。

(二)孔德（Auguste Comte）

孔德認為人類知識的成長得經過神學時期、哲學時期、實證時期三個階段。在神學時期，人類的心智在尋求自然界的起源和目標的時候總會歸結到超自然的能力；在哲學時期，人類的心智推論有關創造萬物的抽象力量；在最後的實證或科學時期，人類心智已不再尋求宇宙萬物的起源和終點，轉而重視且運用到人類本身的法則。知識的發展和社會的發展都經過三個相同的階段。

(三)史賓塞（Herbert Spencer）

繼孔德之後，英國社會學家史賓塞的學說深受生物學的知識所影響。他認為社會中的個體與大社會之間的關係，宛如生物體與細胞之間的關係一般。生物體在成長的過程中增加細胞的數量，進而隨著量的增大，結構產生分化與複雜化，人類社會的社會結構產生分化與複雜化，情況亦復如此。結構分化的結果促使功能產生分化。同時由於彼此之間的相互依存，產生連帶關係。

(四)馬克思（Karl Marx）

馬克思思想中最根本的一個關注基點即在社會變遷，他的興趣在找出人類變遷的法則。

馬克思將社會分成兩個部分，下層結構和上層結構，前者指的是

社會中所有的經濟層面，而後者指的是經濟以外的「剩餘範疇」，如宗教、政府、家庭、哲學等，其重要的觀念是上層結構是依存變項而下層結構是獨立變項，也就是說，經濟的改變導致了社會其他方面的變遷。然而下層結構可分為生產工具和生產關係兩個部分，前者指經濟的技術層面，如資本主義社會的機器與工廠，就此社會可分成資產階級和無產階級，馬克思相信生產關係影響整個社會組織，社會其他的部分都必須和經濟相調適，其間是存有因果必然的關係。

假如下層結構造成了上層結構的變遷，那是什麼促成了下層結構的變遷？馬克思認為經濟是自動的，它本身就藏有變遷的種子，馬克思假定人類在本性上就想征服自然，於是常想改進科技來控制自然，而在歷史發展的每一個階段，當現存的生產關係成了生產工具的阻礙時，就有革命的發生，一個新社會將出現。所以說歷史是個經濟變遷史。

(五)韋伯（Max Weber）

韋伯認為西方社會發展的最大關鍵是理性化，它藉法律、經濟、會計和技術散布出去，整個生活就是一個功能效率與功能衡量的精神，是一種經濟化的制度（最小的成本最大的產出），這個態度不只是對物質資源，而且也及於整個生活，由於理性化的不可免，行政管理掌了權，而所有社會制度的官僚化也就不可避免了。它既是資本主義制度的一個特徵，也是社會制度的一個特徵。就韋伯而言，技術知識的擴張以及工業經理和政府官僚的興起，是種新型態的控制，將來是屬於官僚階級的，而不是如馬克思所言在於無產階級的手裡。

(六)涂爾幹（E. Durkheim）

涂爾幹的社會變遷論仍是一種進化論的理論架構。在《社會分工論》裡他認為：社會的進化是由機械性連帶責任發展到有機性連帶責

任。自然環境、遷移、都市化、人口增長以及工藝技能的發展，都增加了人與人之間的互動，高度分工化的結果使得社會各分子間的同質性產生了變化，頻繁的互動與接觸帶來了競爭。為了社會的整合，社會必須發展出一套方法來協調之；分工制度因而產生，最後也帶來了新的責任。

機械性連帶責任是建立在社會各分子間的同質性上，社會的價值和行為融洽一致，人們重視傳統及親戚關係，因此社會的束縛力也較強，個人之間的差異較小，社會大於個人。他說：「社會裡全體分子所共有的思想和傾向比每一個分子的自我人格既強又大。此種連帶責任的成長與人格的成長是相對的。」

有機性連帶責任的淵源仍是基於個人的不同：他是社會分子的產品。由於社會高度分工的結果，每一個人都變得特殊化，並缺少同質性。同時個人間的互相依賴性相對增強，相互合作更變成必須。就如同有機體生物的各部門間相互依賴合作生存一般。涂爾幹強調此種社會的異質性與個人的特殊性並不代表社會的瓦解，而代表著一種新形式的社會整合。

二、當代社會學家對社會變遷的理論探討

二十世紀受到許多的巨變：二次世界大戰、人口爆炸、新興國家獨立、殖民地主義之消失、婦女解放運動、資本主義和共產主義的對抗等，都無法令當代社會學家坐視不管。特別是第三世界非西方國家的現代化運動更是一大問題。社會變遷理論成為社會學理論不可分隔的一部分。

不過進步理念並未就此沉寂下去，反而在二次世界大戰之後，新興國家的興起，而且這些社會的未來發展使得社會學家不能再避視社會變遷的問題，於是社會理論又回溯過去進步理念鼎盛時期的演進理

論。一九五〇年代的社會變遷理論較近似十九世紀末的社會理論，是種充滿著進步理念下的樂觀看法。然而，在一九六〇年代，這種理念終結的信仰以及所有問題都已解決的觀點頗受學者的質疑，結果導致大家再度提起對「工業社會未來」的探索。

(一)功能論

功能學派雖然著重在討論社會的整合，對變遷的解釋仍然有效，尤其近幾年來的趨勢更如此。美國社會學家帕深思的AGIL可以用來看做是社會變遷的四個階段，社會變遷是對這四種功能的不同適應。他更把AGIL與進化理論綜合，發展出一套可用來說明社會文化變遷的理論。

帕深思認為人類社會的進化包括四個進化過程（如**表12-2**）：

表12-2　帕深思對人類社會的進化過程簡表

型態	内涵
分化 （differentiation）	指一個體系分解成兩個或兩個以上的單位。
適應力升等 （adaptive upgrading）	分化過程的結果使得社會單位的資源增加、束縛減少，而增高其適應能力。
容納（inclusion）	係把社會成員的容納範圍擴大，以穩定社會的基礎。
價值通則化 （value generalization）	係將新分化出來的單位予以承認合法化，發展出一套普遍性的價值適用於社會内每一個分子。

資料來源：作者整理。

帕深思認為人類社會進化史包括三個型態的社會（如**表12-3**）：

表12-3　帕深思對人類社會進化型態簡表

型態	內涵
初民社會 （primitive society）	社會、文化、人格等三體系皆無明顯的分化。
中等社會 （intermediate society）	在文字使用開始後才發展出來的，因為文字的使用提高了文化體系與社會體系間的分化程度，也使文化傳播超越了時間與空間而延續下去，階級開始出現。
現代社會 （modern society）	因工業化、民主革命以及社區的出現而產生。美國社會是現代社會的代表。

資料來源：作者整理。

(二)衝突論

衝突論把社會變遷的分析當作是其理論的核心。持此論者如德國社會學家達倫道夫（R. Dahrendorf）、考舍（L. Coser）等人，皆認為每一個社會無時無地都在經歷變遷，因此社會變遷是不可避免的。社會分子間的關係建立在支配與受支配的權力分配關係上，因此每一個社會皆有衝突紛歧的因素而導致變遷。

達倫道夫在其著書《工業社會的階級與階級衝突》（*Class and Class Conflict in Industrial Society*）即宣稱：大多數的現代工業社會，已不再是個資本主義社會，而應稱之為「後資本主義社會」（post-capitalist society）。使得資本主義社會邁入「後資本主義社會」的關鍵性發展，依其見解可有下列四端：(1)階級結構的重組；(2)社會流動的普遍化；(3)社會平等的擴張；(4)階級衝突的制度化。

考舍認為衝突的起因乃是由於社會報酬的不均衡分配以及人們對此不平分配表現出來的失望。報酬的不均是社會結構本身的問題，但人們對此所表現的失望則是心理因素的反映。社會變遷正是因衝突而發。

(三)互動論

互動論者認為人與人的互動是彈性和動態的,因此互動過程也是時時在調整改變的。社會變遷的發生,乃是互動中的個人對形象的運用與解釋的改變,或者是因為交換關係裡報酬與成本的改變。

三、社會學家對後工業社會的理論探討

「後工業社會」一詞,自一九七三年為社會學家丹尼‧貝爾(Daniel Bell)提出後,即引起社會科學研究者的廣泛討論。因為此種社會變遷的現象,影響的範圍廣及於經濟、政治、文化、宗教等諸多領域,並與我們日常生活關係密切。以下就簡要介紹對該階段社會發展研究有成的學者其基本的觀點:

(一)丹尼‧貝爾

一九七三年《後工業社會的臨來》（*The Coming of Post-Industrial Society*）一書的出版,貝爾對後工業社會觀念有詳盡的論述,同時,也揭開了人們對於後工業社會社會變遷的關注。貝爾以為後工業社會的概念根本上是處理社會結構變遷的問題,也就是經濟如何的轉變、職業系統如何的調整,以及處理「經驗主義」（Empiricism）和理論（尤其是科學和技術方面）之間的新關係。而「後工業社會」這個概念,至少涵蓋了下列五個重要面向（dimensions）（如**表12-4**）:

Chapter 12 社會變遷與社會發展

表12-4 貝爾對後工業社會的「面向」分析簡表

類型	內涵
經濟部分	從財貨生產的經濟轉變到服務業經濟。
職業分配	專業與技術層級的優越性。
軸心原則	理論性知識的開拓,是社會創新與政策構成的泉源。
未來取向	對技術與技術評估的控制。
決策構定	一個新智識技術(intellectual technology)的產生。

資料來源:作者整理。

更進一步地,貝爾又找出論斷後工業社會出現的四個趨勢:

1.經濟發展的中心在勞務的提供而非財貨的生產。

2.基於知識和以有專家技術等科學人員為主的新階級出現。

3.私人股份有限公司臣屬於社會責任的標準下。

4.理論性知識的重要性漸增。

(二)哈伯瑪斯

哈伯瑪斯(Jürgen Habermas)對現代社會發展與變遷的看法,認為「社會建構」可分成幾個階段,其中的「原始社會」與馬克思的部落社會相比;「傳統社會」包括古代帝國社會和封建社會;「自由的資本主義社會」指的是馬克思所指的十九世紀資本制度;而我們這個世代的西方社會就是「計畫的資本主義社會」最好的例子。哈氏就政治精英對生產工具的論述方式,將國家社會主義之社會(State-socialist society)歸類為「後資本主義社會」。而「後資本主義社會」有兩個主要之特徵:(1)為了保護經濟體系的安全與穩定,政府開始干預市場的運作;(2)科學研究與工業技術密切配合,使科學成為最重要的生產力。但這不表示在「後資本主義社會」沒有階級的問題,而是指勞工不再是無力的階級,他們可透過政府的干預與工會的力量與資方抗衡以爭取福利。因此他認為現代社會最重要的問題並不是階級的問題,而是「工具理

231

性」（instrumental rationality）膨脹所造成的意識僵化。也因為「工具理性」的講求，才形成了所謂的「技術專家政治」（technocracy）。於是民主制度變成了有效率的科學組織，人民只要效忠，不必參與，成為任憑專家安排的可憐蟲。然而在分析社會變遷與發展的問題上，哈伯瑪斯相信迷思、宗教到哲學與意識型態的趨勢都有其根本的重要性，這意味著「規範性正當的要求」。亦即哈氏所謂「合法性」（legitimacy）在社會穩定與變遷上愈來愈有重要之勢。

(三)馬庫色

德國社會學家馬庫色（Herbert Marcuse）曾以不同的名稱來描述轉變以後的社會，諸如先進工業社會、科技社會、計畫的資本主義社會、合作的資本主義制度（corporate capitalism）、單面向的社會等，當然在他的著作當中最常見的還是「先進工業社會」一詞，而所謂的先進工業社會，據馬庫色的說法有四個重要特徵：

1. 有豐富的工業與技術能力，並大量的消費、生產與分配奢侈品，用經濟學家的話來說就是「非生產性財貨」的大量消費。
2. 有不斷提高的生活水準，並且延伸至以前權利被剝奪的那一部分人民。
3. 有高度集中的經濟與政治權力，加上高度的組織，使政府涉入經濟活動之中。
4. 為了商業與政治的目的，不論在工作或閒暇時，對私人團體行為，都有科學與偽科學的調查、控制以及操縱。

就其論述，我們可以認定馬庫色是將現代科技視為促成先進工業社會的原動力，這意味著高度的科技帶來高度的生活水準，在消費經濟之下，淨化享受成了特殊的生活方式，且及於社會所有的階級，人們在消遣活動的麻痺下和一些表面民主自由的甜蜜語下忘了痛苦，產

生了不容反對的單一社會系統、單一語言、單一的求知方式和單一的人類氣質，也就是說先前的「多面向社會」，已為「單面向社會」所取代。用馬庫色的話來說：「出現了一種單面向的思想與行為，任何觀念、期望與目標在內容上超越了既存的討論與行動範圍，且被化約為既定範圍的詞語。」

就此而論，馬庫色所謂的「單面向社會」是建築在其先進工業社會所列的四個特徵上，再就先進工業社會導致人類精神與思想因單面性加以批判。他的單面向社會觀點是想指出人們的耽於富裕，受制於「虛假性需求」，人們沒有了否定與批判的能力，失去了自由。

(四)卡恩

卡恩（H. Kahn）就後工業社會的展望，他認為這個富裕的社會將能消除人們的競爭、敵視與差異性，應是一個美好的新社會。

據卡恩的說法，「後工業社會」的特質是：

1. 工業收入比起以前工業時期高出五十倍。
2. 大部的經濟活動將自第一紀元的農業領域，和第二紀元的工業領域，移轉到第四紀元的服務業、研究機構和非營利組織的領域裡。
3. 私人企業不再是科學與技術發展的泉源。
4. 自由市場的地位亞於社會服務。
5. 大部分的工業將由模控學家（Cybernetics）來主持。
6. 主要的進步動力將來自於教育和技術的革新。
7. 在交通上，時間與空間將不再是個問題。
8. 高薪人員與低薪人員間的差異將不如今日之大。

 第五節　社會發展的意義

　　在現代社會，社會發展已經成為家喻戶曉的觀念，所以很多人以為它是一種單純的過程。事實並非如此，社會發展包括四種意義（如表12-5）：

表12-5　社會發展的意涵簡表

類別	內涵
工藝方面	開發中的社會從運用簡單的傳統技術轉而應用科學知識。
農業方面	開發中的社會從自給自足的耕作轉為農產物的商業生產。
工業方面	開發中的社會從人力及動物力的運用轉而應用機器的力量。
社會生態	開發中的社會由農莊鄉村漸漸趨向都市化。

資料來源：作者整理。

　　「現代化」是一個大家耳熟能詳的名詞，也是多數社會所追求的目標；至於現代化意涵以及其所涵蓋的各種假設，我們可以列述廣狹兩種定義：廣義而言，「任何一個社會，只要在整體性社會結構面、科技知識面以及人際互動與個人態度面，經由轉化過程而邁向另一新紀元時，我們就可以將它稱之為現代化」。狹義而言，所謂現代化專指「在西方現代科技與工業文明之衝激下，任何傳統社會在邁向現代社會的轉化過程」。至於依照貝拉（Robert N. Bellah）教授的說法，所謂現代化（modernization）此一概念，帶有理性態度（rational attitude）的意義，它涵蓋了兩大面向：一是「企圖對所有物理現象與社會現象，尋求一種理性解釋的可能性」；二是「把自然界的一切事情，包括社會現象在內，視為具有一定的因果關係與某種律則或軌跡，而人類得以運用理性去瞭解、控制或改變它」。

　　在論述現代化的類型上，李維（M. J. Levy）以現代化的動力淵源

為基準，把現代化的類型區分為兩大類（如**表12-6**）：

表12-6 李維現代化的類型分析簡表

類型	內涵	代表
內造型	現代化的動力淵源來自該社會本身，即指現代化的動力，不但來自其社會本身，而且在現代化的轉化過程中，偏向於主動性的創意與創新，因而造成傳統與現代的明顯對比。	以歐美社會為代表。
外塑型	現代化的動力淵源來自外力的干擾或衝擊的結果，即指現代化的推動力，乃是來自外來科技文明的刺激，在其現代化的轉化過程中，偏向於被動性的應付與調適。	以第三世界為代表。

資料來源：作者整理。

現代化既然是指傳統社會轉化為現代社會的一種過程，而其涵蓋的主要面向有：社會結構性的、社會互動性的，以及個人觀念與行為態度等層次。構成傳統農業社會的此種共同特徵或特性，就叫做傳統性。同樣地，構成現代工業社會的此種共同特徵或特性，則稱之為現代性。

布萊克（C. E. Black）教授所強調的現代性，涉及較廣的社會與心理層面，其內容如**表12-7**所示：

表12-7 布萊克所強調的現代性簡表

類別	內涵
知識方面	1.知識的理性化與世俗化。 2.科學知識的無限擴張，並用以改善人類的生活及其環境。 3.知識的權威性增加。
心理方面	1.成就欲望增加。 2.樂於接受變遷。 3.容忍與適應性增強。 4.相信能控制環境，而不為環境所控制。 5.贊成依據貢獻來決定報酬。

（續）表12-7　布萊克所強調的現代性簡表

類別	內涵
政治方面	1.中央政府直接統治人民，相當於中央集權。 2.重視法治，以法律替代個人裁決。 3.官僚行政機構日益擴大。 4.民族主義的普及或民族國家的建立。 5.趨向於福利國家或社會。 6.政治結構的異化。 7.政治文化的世俗化。 8.人民對公共事務的大量參與。
經濟方面	1.機械化。 2.專業化。 3.由農業到商業，以及農業的商業化。 4.由輕工業到重工業。 5.技術科學化。
社會方面	1.都市化。 2.小家庭制度。 3.社會流動性大。 4.社會動員的程度高。 5.經濟平等。

資料來源：作者整理。

　　社會發展的主要目的，是使所有的人都能夠獲得適當的生活水準。但是，一個國家及民族的進步，不能單用國民生產毛額及平均所得加以衡量。「發展」包括政治成熟的觀念，也包括民眾教育的普及、文藝的萌芽、建築的繁興、大眾傳播的成長及休閒生活的充實。事實上，發展的最後目的是人類本性的改變——這種改變一方面是促成更進一步發展的「手段」，另一方面也是發展過程中所達到的「目的」。

 # 第六節　社會發展的特徵

　　現代化社會的建構來自於社會發展的原動力，其內容則係一般民眾及該社群普遍具備下述特質：(1)強烈的向上意願；(2)優良建全的國民素質；(3)全體國民具有高度的成就動機；(4)適當選擇社會發展策略；(5)具體擬定社會發展計畫。方能促使社會發展，達成人類期待的方向。

　　針對社會發展，社會學家提出了精闢的見解，包括「依賴理論」、「世界體系理論」、「聚合理論」等。

一、依賴理論

　　把西方現代化的社會比喻為核心，而那些未現代化的非西方社會，則為一群失去其本身控制能力的邊陲，而完全依賴核心。認為今日世界正受一個由美國和歐洲所組成的核心所控制，該核心利用資本的榨取與經濟原料的剝奪等方式，來控制尚未現代化的社會。認為未開發者若能不依賴開發國家，則其成功性更大。此核心控制嚴重的影響了當地工業之發展，也因此逼使現代化社會更加依賴核心。依據該理論可區分為古典依賴理論、新馬克思主義依賴論及依賴發展論（如**表12-8**）：

表12-8　依賴理論對社會發展的分析簡表

類別	內涵
古典依賴理論	是以聯合國拉丁美洲經濟委員會為代表，這些觀點是由受過西方教育的技術官僚或知識分子所倡導，重點在於批評正統經濟理論之所以無法解釋拉丁美洲的低度開發問題，乃是因為忽略了重要的結構因素，即拉丁美洲的低度發展，是它在世界經濟中的位置所致，也是採取自由主義式的資本主義經濟政策的結果。
新馬克思主義依賴論	借用馬克思對帝國主義的觀點，認為依賴是一種制約的情境，在這種情況之下，某些國家的經濟受到另一些國家的發展和擴張所制約。在兩個或更多經濟之間，以及這些經濟與世界貿易間互賴的關係中，如果有些國家能夠自我推動和擴張，而其他國家的擴張與自立僅為優勢國之擴張的反映，這種關係一旦建立，就形成了依賴關係，而這種關係對依賴國隨即的發展，可能有正面或負面的影響。
依賴發展論	介於馬克思主義與結構主義之間，認為以拉丁美洲的發展經驗，而提出依賴發展的觀念，即邊陲地區也有發展的可能性，是某種程度的資本累積及工業化。本土企業若不能與外國公司掛鉤，就會被取代，其結果在國內形成了國際化部門和非國際化部門的結構雙元性，前者依賴外國大企業而生存，後者成為從事低生產活動的邊際化部門。

資料來源：作者整理。

二、世界體系理論

(一)思想淵源

1. 布勞岱爾（Fernand Braudel）：以世界體系觀點的產生，認為較小的實體，其歷史、社會、政治及經濟的變遷，唯有在較大的資本主義世界體系演化脈絡中才能瞭解。

2. 新馬克思主義：企圖將第三世界關聯到馬克思學派的分析中，具有強烈的經濟決定論色彩，認為經濟是歷史發展的動力，世界體系亦即資本主義世界經濟體系之意。

(二)主張

1.世界體系的結構：
  (1)核心國家：處於體系的優勢地位者，如美國、歐洲、日本等。經濟特徵以高科技、資本密集生產方式、相當高的薪資、一個深入的國內市場與可傾銷其產品的龐大國外市場。
  (2)邊陲國家：整個世界中大部分國家皆屬於此，經濟特徵以輸出農產品或天然資源爲主、薪資低廉、極端貧窮和技術低級。
  (3)半邊陲國家：介於核心與邊陲之間。
2.資本主義世界的形成：
  (1)經濟層面的影響：邊陲地區依賴核心地區，並且受到嚴重的剝削，不是提供勞力、農礦、資源，就是充當技術、產品的海外市場。
  (2)政治層面的影響：殖民時代爲外人所培養的當地統治階層，在獨立後尚占有相當的政經優勢。至殖民國家留學的學生成爲國外一股反傳統的主要力量，以及成爲革命的動力。當傳統的勢力被打敗後，新的勢力卻無法控制局勢，亦無建國復國的能力，因此，時常造成國家內部的動盪不安，這點可由中南美洲及亞洲、非洲的政爭頻繁，得到印證。
  (3)社會文化層面的影響：受過殖民的人們，對殖民文化通常具有某種親和性，由於社會、文化及意識型態的依賴，往往不自覺地表現在日常生活之中，所以，此一層面的影響比前兩者來得既深且遠。

三、聚合理論

(一)聚合理論的看法

1.不論社會的現代化起點為何，所採取的途徑為何，每個社會必朝向同一終點而變遷。
2.不論社會在其社會化過程中，遭遇什麼樣的挫折或衝突，其最終的成功幾乎是可以保證的。

(二)缺點

1.把西方社會文化視為全世界人類社會所模仿的型態，它相信只要人類欲達到現代化，則其終點目標必然是西方的社會文化，帕深思把美國社會視為新領導社會，就是這種偏見的結果。
2.忽略了各個社會獨有特質的存在。即使我們承認現代化的結果，必然會發展出一套類似西方社會文化的規範與生活方式，但是類似並不就等於相同，全盤西化是不可能的。
3.過分強調西方社會的同質性，所謂的西方社會只不過是一個籠統含糊的名稱。

結　語

　　隨著社會的發展，「後現代」是一個世界性的社會思潮，使得當前許多文學、藝術，以「後現代」為名。究其實，現代並不是現代的結束，而是現代的延續，甚至是其加深，並轉而對「現代性」（modernity）提出批判、質疑和否定。「後現代主義」則代表了一種對現代否定、批判、質疑的力量。傾向於批判當道的言說，認為其所以會「當道」，是因為權力和建制的支持。質疑西方現代的「表象文化」，且更變本加厲，由「表象」轉成「擬象」。換言之，無論資訊科技、虛擬真實、傳播媒體、文學作品、電視節目等，都只是某種擬象，代表欲望本身的不斷跳躍。

　　「後現代」的出現尤與資訊的快速發展有關，施拉姆（W. Schramm）使用「資訊社會」（information society）一詞，指出現代社會由於電腦化、資訊網路的建立，資訊的傳遞愈來愈快、愈來愈大量，造成整個社會巨幅改變，資訊本身成為社會中的重大資源。在資訊化歷程中，一方面是實質上的電腦化，另一方面則是資訊概念的普及化，二者均是資訊化歷程的重要特性。把現代社會中已有的某些現象加以普遍化，用以表示即將到臨的社會圖像。批判者以為後現代的負面影響，是虛無主義（nihilism）的寫照，人人追求眼前可見的快樂和利益，內心卻沒有值得奉獻的理由，這是一個嚴重的社會情境，有待不斷地心靈改革與社會創新來加以克服。

參考書目

一、中文部分

王振寰、瞿海源（2000）。《社會學與台灣社會》。台北：巨流出版社。

白秀雄（1982）。《現代社會學》。台北：五南圖書。

金耀基（1980）。《從傳統到現代》。台北：時報出版公司。

林顯宗（1986）。《社會學概論》。台北：五南圖書。

林清江（1988）。《現代化》。台北：臺灣商務印書館。

林敏生（1987）。《迎向新「階層消費」時代》。台北：書目出版社。

洪鎌德（1997）。《社會政策與立法》。台北：國立空中大學。

胡幼慧（1995）。《三代同堂——迷思與陷阱》。台北：巨流出版社。

徐立忠（1989）。《老人問題與對策》。台北：桂冠出版社。

高宣揚（1998）。《當代社會理論》。五南圖書。

高淑貴（1991）。《家庭社會學》。黎明文化事業公司。

章英華（1991）。《社會的演化》。台北：遠流出版公司。

陳秉璋（1989）。《邁向現代化》。台北：桂冠出版社。

陳小紅（1991）。《社會學概論》。台北：華杏出版社。

陳衛平（1992）。《科學的進步與問題》。台北：桂冠出版社。

陳澤軍（1995）。《富裕的孤獨》。台北：錦繡出版公司。

許嘉猷（1987）。《社會階層與社會流動》。台北：三民書局。

黃恆正（1988）。《符號社會的消費》。台北：遠流出版社。

葉至誠（1997）。《社會學》。台北：揚智文化。

葉啓政（1993）。《社會科學概論》。台北：空中大學出版。

詹火生（2001）。《社會學》。國立空中大學。

廖立文（1986）。《當代社會理論》。台北：桂冠出版社。

蔡文輝（1992）。《社會學》。台北：三民書局。

蔡宏昭（1989）。《消費者主權時代》。台北：遠流出版社。

龍冠海（1985）。《社會學》。台北：三民書局。

蕭新煌（1985）。《低度發展與發展——發展社會學選譯》。台北：巨流
　　出版社。

謝高橋（1982）。《社會學》。台北：巨流出版社。

瞿海源（1991）。《社會心理學新論》。台北：巨流出版社。

二、西文部分

Appelbaum, Richard P. (1970). *The Theories of Social Change*. Chicago: Markham
　　Publishing.

Atkinson, E. (2002). The Responsible Anarchist: Postmodernism and social
　　change. *British Journal of Sociology of Education, 23*(1), 73-87.

Babbie, Earl R. (1977). *Sociology By Agreement: An Introduction to Sociology*.
　　Blmont, California: Wadsworth.

Becker, Howard S. (1963). *Outsiders: Studies in the Sociology of Deviance*. New
　　York: The Free Press.

Bell, Daniel (1973). *The Coming of Post-Industrial Society*. New York: Basic
　　Books.

Bell, W. (1999). The Sociology of the Future and the Future of Sociology.
　　International Review of Sociology, 9(3), 295-310.

Bottomore, T. B. (1972). *Sociology: A Guide to Problems and Literature*. London:
　　Unwin Uninersits Books.

Cohen, Albert (1966). *Deviance and Control*. Englewood Cliffs, NJ. Prentice-
　　Hall.

Cooley, Charles H. (1966). *Social Process*. Carbondale: Southern Illinois
　　University Press.

Edair, Ronald S. (1976). *Social Change*. Dubuque, Lowa: Wm. C. Brown.

Eisentadt, S. N. (ed.) (1968). *Max Weber on Charisma and Institution Building*.
　　Chigaco: University of Chicago Press.

Federico, Ronald C. (1975). *Sociology*. NY: John Wiley & Sons.

Freeman, David M. (1974). *Technology and Society*. Chicage: Rand McNally.

Goldscheider, C. (1971). *Population, Modernization and Social Structure*. Boston: Kittli, Brown.

Hall, Richard (1987). *Organizations: Structure and Process* (2nd ed.). Englewood Cliffs, N.J.: Prentice-Hall.

Hirsch, F. (1976). *Social Limits to Growth*. Cambridge, Mass.: Harvard University Press.

Horton, P. B. & Leslie, G. R. (1955). *The Sociology of the Social Problems*. N.Y. Appleton-Century-Crofter.

Howard, John (1974). *The Cutting Edge: Social Movements and Social Change in America*. New York. Lippincott.

Jean Piaget (1969). *The Psychology of the Child*. Kindle Edition, N. J.: Prentice-Hall.

Kinloch, Grahan M. (1977). *Sociogical Theory: Its Development and Major Paradigm*. New York: McGraw-Hill.

Kraus F. John (2002). The Impact of Resource Depletion on Social Change in Post-Modern Society, II December 8 2002.

Landis, Judson R. (1974). *Sociology*. Belmont, California: Wadsworth.

Mills, C. Wright (1956). *The Sociological Imagination*. London: Oxford University Press.

Nisbet, Robert A. (1969). *Social Change and History*. London: Oxford University Press.

Park, C. W., Jaworski, B. J. and MacInnis, D. J. (1986) *Strategic Brand Concept-Image Management*. *Journal of Marketing*, *50*(4), 135-145.

Perdue, William D. (1986). *Sociological Theory: Explanation, Paradigm, and Ideology*. Plato Alto, CA: Mayfield Publishing Company.

Popenoe, David (1977). *Sociology*. New Jersey: Prentice-Hall.

Sassen, Saskin (1993). *Cities in a World Economy*. Thousand Oaks, Cl: Pine Forge.

Scott, W. Richard. (1992). *Organizations: Rational, Natural and Open Systems*.

Englewood Cliffs, NJ: Prentice-Hall, Inc.

Shepard, Jon. (1990). *Sociology*. Minneapolis: West Publishers.

Simon, H. A. (1960). *The New Science of Management Decisions*. N.Y.: Harper & Brothers.

Smelser, Neil J. (1981). *Sociology*. Engelwood Cliffs, N.J.: Prentice-Hall.

Sztompka, Piotr. (1993). *The Sociology of Social Change*. Oxford: Blackwell.

Turner, Jonathan H. (1978). *The Structure of Sociological Theory*. Revised ed. Homewood, Illinois: Dorsey.

社會叢書

社會學概論

作　　　者／葉至誠
出　版　者／揚智文化事業股份有限公司
發　行　人／葉忠賢
總　編　輯／閻富萍
特約執編／鄭美珠
地　　　址／新北市深坑區北深路三段 258 號 8 樓
電　　　話／(02)8662-6826
傳　　　真／(02)2664-7633
網　　　址／http://www.ycrc.com.tw
　E-mail　／service@ycrc.com.tw
　I S B N　／978-986-298-397-3
初版一刷／2001 年 2 月
二版一刷／2022 年 7 月
定　　　價／新台幣 350 元

國家圖書館出版品預行編目（CIP）資料

社會學概論 = Introduction to sociology / 葉至
誠著. -- 二版. -- 新北市：揚智文化事業股
份有限公司, 2022.07
　　面；　公分（社會叢書）

　　ISBN 978-986-298-397-3（平裝）

　1.CST: 社會學

540　　　　　　　　　　　　111006703